# BASILIQUES CHRÉTIENNES

## DE TUNISIE

Paul GAUCKLER

# BASILIQUES CHRÉTIENNES

## DE TUNISIE

(1892-1904).

PARIS

LIBRAIRIE ALPHONSE PICARD ET FILS

82, Rue Bonaparte, 82

1913

# PRÉFACE DES ÉDITEURS

Les trente-deux planches du présent Album reproduisent une série de documents d'architecture, plans de basiliques ou autres édifices chrétiens de Tunisie, avec coupes et détails, vues perspectives, essais de restauration, qui ont été trouvés dans les papiers de Paul Gauckler. Tous ces documents devaient figurer dans le grand ouvrage qu'il se proposait d'écrire sur les basiliques chrétiennes de Tunisie. Désireux de nous conformer à ses intentions, nous nous hâtons de publier ces documents, pour les mettre le plus tôt possible à la disposition du monde savant.

Le plan de la basilique du bordj de Tabarka (pl. XVII) a été levé en 1904 par M. le capitaine Benet, du 3e bataillon d'Infanterie légère d'Afrique [1]. Les plans de l'Oued Ramel (pl. XVIII) sont de M. Pradère, conservateur du Musée du Bardo. Tous les autres dessins ont été exécutés par M. Sadoux, inspecteur du Service des Antiquités, avec les indications et sous le contrôle de Paul Gauckler.

Pendant les années de sa Direction, P. Gauckler eut l'occasion de découvrir, de déblayer ou d'étudier un grand nombre d'édifices chrétiens. Pour chacun d'eux (comme pour les ruines de toutes catégories), il fit établir un dossier spécial, qui constitua, pour ainsi dire, l'état civil du monument. Dans ce dossier étaient réunis tous les renseignements qui le concernaient : bibliographie, plans et relevés, vues photographiques, description précise des ruines, le tout exécuté par les soins de la Direction des Antiquités.

Ces dossiers si précieux sont aujourd'hui incomplets ; ou plutôt, ils sont morcelés, en raison de la dispersion momentanée des éléments qui les composaient. P. Gauckler, qui les avait constitués, comptait s'en servir pour sa publication. Il avait emporté une partie des plans ou dessins qui concernaient ces édifices, et qui avaient été faits sous sa direction. Son nom doit y rester attaché. D'autre part, il y a un véritable intérêt scientifique à reconstituer les dossiers dans leur ensemble. D'où la décision que nous avons prise, de

1. Cf. Benet, *Bull. arch. du Comité des trav. histor.*, 1905, pl. XXVI-XXVII ; Gauckler, *Mosaïques tombales d'une chapelle des martyrs à Thabraca*, 1907, p. 9, fig. 1.

publier tous les plans que nous avions entre les mains, afin de pouvoir les remettre promptement à la Direction des Antiquités de Tunis.

D'une façon générale, nous avons disposé les documents dans l'ordre chronologique des relevés. Mais nous avons groupé, autant que possible, les plans d'une même localité ; et nous avons réservé la place d'honneur à la basilique de Dermech, l'une des plus belles de Carthage et de Tunisie. Le texte se réduit, malheureusement, à peu de chose : quelques pages inédites sur les basiliques de Dermech, de Bir bou Rekba, de l'Oued Ramel et d'Henchir Chigarnia. A ces trop rares et trop courtes descriptions, nous avons joint une table détaillée des planches, et quelques observations statistiques sur les monuments ici publiés. Des crochets [ ] indiquent nos additions.

En terminant, nous devons remercier M. Aug. Picard et M. Demoulin du soin qu'ils ont apporté dans l'exécution matérielle des planches et du volume.

Paris, 15 mai 1913.

# BASILIQUES CHRÉTIENNES

## DE TUNISIE

— —

## INTRODUCTION

Les ruines de basiliques, de chapelles, de baptistères, ou autres édifices du culte chrétien, sont très nombreuses dans toutes les parties de la Tunisie. Beaucoup ont été signalées ; beaucoup même ont été fouillées ; quelques-unes ont fait l'objet d'intéressantes monographies. Et cependant, l'ensemble est encore assez mal connu. Actuellement, nous sommes moins bien renseignés sur les vieilles églises de Tunisie que sur celles d'Algérie. C'est que, pour beaucoup d'édifices, le résultat des fouilles n'a pas été publié, ou l'a été d'une façon trop sommaire. C'est surtout qu'il manque un ouvrage d'ensemble, contenant une description précise de tous les monuments signalés, avec plans et relevés à l'appui. Cet ouvrage, nous l'attendions de Paul Gauckler, qui avait en ce domaine une compétence reconnue de tous. Il avait fouillé lui-même une série de basiliques ; il en avait étudié bien d'autres. Dans ses dossiers du Service des Antiquités, il avait réuni les éléments d'une publication complète. Il n'a pas eu le temps de mener l'œuvre à bonne fin. Du livre qu'il comptait donner, il n'a guère laissé que les matériaux. De ces matériaux très précieux, une partie est conservée à Tunis, dans les dossiers, qui seront bientôt complétés, du Service des Antiquités. L'autre partie était restée entre les mains de Gauckler : c'est celle que l'on publie aujourd'hui.

Les plans, dessins et détails de tout genre, que renferme le présent Album, constituent assurément une contribution fort importante à l'étude de l'architecture religieuse dans l'Afrique chrétienne du IV au VII siècle. On trouve, dans les trente-deux planches qui suivent, les relevés d'une cinquantaine d'églises, basiliques ou chapelles, sans compter les dépendances. Ces églises, d'époques assez différentes, appartiennent à toutes les régions de la Tunisie. Quelques-unes sont isolées, dans des localités fort éloignées les unes des autres. Mais plusieurs forment des groupes : deux églises à Maktar (pl. III-IV ; XII), au Kef (pl. V-VII), à Sbiba (pl. VIII-IX), à Meninx (pl. XXXI-XXXII) ; trois à Tabarka (pl. XVI-

XVII); quatre à Haïdra (pl. XIII-XIV). Le groupe le plus considérable, et de beaucoup, est celui de Feriana, qui comprend onze églises de toutes dimensions (pl. XX-XXV).

La comparaison de tous ces édifices entre eux fournit des données intéressantes sur les caractères de l'architecture chrétienne, du IV$^e$ au VI$^e$ siècle, dans les provinces de l'Afrique romaine ou byzantine qui correspondent à la Tunisie actuelle. Nous résumerons très brièvement ces données : sans prétendre, d'ailleurs, en tirer des conclusions prématurées. Il s'agit simplement, ici, d'une sorte de statistique monumentale : et d'une statistique partielle, volontairement restreinte, basée uniquement sur la comparaison des cinquante églises qui figurent sur les planches de cet Album.

La plupart de ces églises reproduisent, comme en Algérie, le type classique de la basilique africaine, qui n'est pas celle de Rome : un édifice rectangulaire, à trois nefs, terminé par une abside demi-circulaire, à cadre extérieurement rectangulaire, qui est elle-même flanquée de deux sacristies carrées. Tel est le type le plus fréquent, et de beaucoup ; mais il y a des exceptions ou des variantes. En plusieurs endroits, nous rencontrons de larges églises à cinq nefs : la basilique de Dermech à Carthage, la Grande Basilique de Feriana, une autre église de la même ville, la basilique de Segermes. Une influence byzantine se trahit dans la coupole d'un baptistère octogonal à Tabarka, et, peut-être aussi, dans la demi-coupole du Dar el Kous, au Kef.

Dans leur aspect extérieur, les églises de Tunisie présentaient ordinairement les mêmes éléments et les mêmes lignes qu'en Algérie : à la base, un épais massif rectangulaire, où disparaissait même l'abside, masquée par son cadre ; une façade percée de trois portes, et souvent bordée d'un portique transversal ; un long toit en dos d'âne, que soutenaient les murs supérieurs de la nef, coupés de fenêtres ; sur les bas-côtés, à un niveau inférieur, des toits plats, en pente. Rarement, devant la façade de l'église, s'étendaient les portiques d'un atrium carré, à la mode romaine. Nous en trouvons ici trois exemples : dans des basiliques d'Haïdra et de Feriana, puis dans une ancienne église du Kef, dont l'atrium a été transformé en salle de mosquée.

A l'intérieur, la grande nef était séparée de chacun des bas-côtés par une rangée de colonnes ou de piliers, dont les arcades supportaient les murs percés de fenêtres et le toit. Parfois, chacun des supports était double : à la colonne était accolé un pilier, tourné vers l'autre nef. Au fond du vaisseau principal était l'entrée du presbyterium : une estrade de pierre, où l'on montait par deux petits escaliers latéraux, et où se tenait le clergé. C'était ordinairement une abside demi-circulaire ; quelquefois, un simple enfoncement rectangulaire. Une basilique de Feriana et une église de Mididi présentent deux absides, disposées en face l'une de l'autre, aux deux extrémités de la grande nef : en ce cas, l'abside voisine de la façade paraît avoir été aménagée après coup, pour recevoir quelque tombeau de saint ou d'évêque. Comme nous l'avons dit, dans la plupart des vieilles églises d'Afrique, l'abside était flanquée de deux sacristies carrées ou rectangulaires, qui communiquaient soit avec le presbyterium, soit avec le bas-côté voisin. Cependant, en Tunisie, comme en Algérie, nous constatons des exceptions : dans une chapelle de Feriana, une seule sacristie ; en plusieurs endroits, surtout pour les chapelles, une abside isolée, sans aucune sacristie. Devant le presbyterium, au bas de l'estrade, le fond de la grande nef constituait un espace réservé, le chœur, souvent entouré de balustrades ou de piliers qui soutenaient des grilles : c'était l'emplacement de l'autel. A Maktar, signalons une crypte. A Feriana, une curieuse chapelle, située sur le bord d'un torrent, communiquait avec deux grottes, où l'on devait visiter des tombeaux de saints.

Aux grandes églises se rattachaient généralement de vastes dépendances : portiques, chapelles, baptistères, et bien d'autres salles qu'on ne peut identifier. C'est ce que montrent les plans relatifs aux basiliques de Dermech, d'Haïdra, de Feriana, d'Henchir Riria, de l'Oued Ramel, d'Henchir Bourmedès. A Dermech, notamment, on remarque l'important ensemble que constituent le baptistère, une chapelle, plusieurs autres pièces, et des portiques ; à Henchir Riria, deux annexes carrées, l'une entourée de niches, qui dessinent une sorte de transept ; à Henchir Bourmedès, des portiques et un baptistère ; à l'Oued Ramel, un baptistère et différentes salles rectangulaires, pavées de mosaïques.

Parmi ces annexes des basiliques de Tunisie, la série la plus intéressante et la plus originale est celle des baptistères. Les formes en sont variées, et les dispositions curieuses. A l'Oued Ramel et à Henchir Bourmedès, des baptistères en forme de croix. A Dermech, un baptistère hexagonal, entouré d'un double portique. A Tabarka, une cuve octogonale, au milieu d'une salle également octogonale et à coupole, où chaque pan est creusé d'une niche. Peut-être faut-il reconnaître aussi un baptistère dans la chapelle tréflée de Bir bou Rekba.

La décoration des églises et de leurs annexes comportait deux éléments principaux : sculpture et mosaïque. A Sbiba, dans les murs de la mosquée Sidi Okba, on voit toute une série de corniches et de linteaux richement sculptés, qui proviennent de l'ancienne basilique chrétienne. Dans les ruines de la Grande Basilique de Feriana, les pierres sculptées abondent : chapiteaux, piliers ou colonnes, linteaux, corniches ou consoles. A Henchir Goussa, la sculpture apparaît sur des linteaux ; à Kasserine, sur des colonnes et le tympan d'une porte. Mais, dans la décoration des monuments chrétiens d'Afrique, l'art par excellence, c'était la mosaïque. On aperçoit des mosaïques sur le sol de la plupart des églises et de leurs dépendances, notamment dans les églises de Dermech, de l'Oued Ramel, de

Thala, d'Henchir Bourmedès, du Dar el Kous au Kef. Les basiliques de Tabarka et d'Uppenna étaient presque entièrement dallées de mosaïques tombales.

Sur l'utilisation des sanctuaires païens par les chrétiens, et des sanctuaires chrétiens par les Musulmans, les monuments de Tunisie nous fournissent quelques renseignements précis et curieux. A Maktar, le vieux temple punique de Mizrah a été transformé en église. A Henchir Krima, un temple romain est devenu une basilique. Par un singulier retour des choses, une église chrétienne de Sicca est aujourd'hui la Grande Mosquée du Kef ; et à Sbiba, dans la mosquée de Sidi Okba, on reconnaît une église de l'ancienne Sufes.

Toutes les basiliques ou chapelles dont on donne ici les plans, appartiennent à la période historique qui va du IV<sup>e</sup> siècle au milieu du VII<sup>e</sup>, de Constantin à la première invasion arabe. Pour quelques monuments, l'on peut préciser davantage, d'après les indications que fournissent la forme des chrismes ou le système de construction. A la fin du IV<sup>e</sup> siècle, ou au début du V<sup>e</sup>, remontent deux sanctuaires de Feriana, la Grande Basilique et l'une des chapelles (pl. XXII) : c'est ce que prouve la présence du monogramme constantinien, accosté de l'α et de l'ω, sur des colonnes trouvées en place dans ces ruines. La basilique de Mididi, où la croix monogrammatique figure sur un pilier, a dû être construite dans le courant du V<sup>e</sup> siècle. La croix grecque se voit à Dermech sur des bases de colonnes et des pilastres, au Dar el Kous du Kef sur un linteau de porte et sur des clefs d'arc, à Meninx (El Kantara) sur un claveau ; en conséquence, ces trois églises ne peuvent être antérieures au milieu du V<sup>e</sup> siècle, elles sont apparemment du VI<sup>e</sup>. De la période byzantine, à en juger par le système de construction, datent la principale basilique d'Haïdra, et le baptistère octogonal à coupole de Tabarka.

Enfin, l'étude de ces cinquante églises de Tunisie fournit de précieuses indications sur les rapports de l'architecture chrétienne du pays avec celle de Rome, et avec celle de l'Orient. Sur quelques points, nous trouvons la preuve d'une influence plus ou moins directe de l'art romain, et, plus tard, de l'art byzantin. Mais ce sont là des exceptions. La plupart des églises de Tunisie reproduisent fidèlement le type africain, assez différent du type romain, et plus apparenté aux monuments chrétiens de Syrie ou d'Égypte qu'à ceux de Rome. Jusque sous la domination byzantine continuait de prévaloir, à Carthage et en Afrique, le type africain. C'est là une constatation importante, pour l'histoire de l'architecture religieuse dans la contrée.

Paul MONCEAUX.

---

<sup>1</sup> Les observations précédentes montrent l'intérêt scientifique des plans et dessins reproduits dans le présent Album. Nous y joignons quelques pages inédites de Gauckler sur des monuments dessinés dans les planches : les basiliques de Dermech, de Bir bou Rekba, de l'Oued Ramel et d'Henchir Chigarnia.

# DESCRIPTION DE BASILIQUES

## I

### BASILIQUE DE DERMECH A CARTHAGE [1]

C'est une basilique byzantine, dont on ignorait jusqu'ici l'existence. L'édifice, enfoui sous les terres rapportées, était entièrement invisible. Je l'ai découvert en 1899, au cours des fouilles de la nécropole punique de Dermech.

La basilique est située presque au bord de la mer, à moins de cent mètres des Thermes qui se dressaient sur le rivage. Elle ne se trouve, d'ailleurs, guère plus éloignée des grandes citernes de Bordj-Djedid, situées plus au Nord. Sa plate-forme rectangulaire, exactement orientée, a été établie sur les premières pentes de la colline de Bordj-Djedid ; et l'édifice s'enfonce comme un coin dans le terrain en déclivité, de telle sorte que, parfaitement dégagé au Sud-Est, il se trouve, au contraire, enterré jusqu'à trois et quatre mètres de hauteur, à l'angle Nord-Ouest. De ce côté, il est donc impossible d'accéder de plain pied dans l'église ; aussi la porte d'entrée, au lieu de s'ouvrir, suivant l'usage, dans l'axe à l'opposé de l'abside centrale, a-t-elle dû être reportée sur la face latérale Sud, seul endroit où le niveau du sol extérieur corresponde exactement à celui de la basilique [2].

L'église a été construite tout d'une pièce, et suivant un plan arrêté d'avance dans toutes ses parties. Elle occupe l'emplacement de la plus ancienne nécropole de la Carthage punique. Dès le v<sup>e</sup> siècle avant notre ère, on avait cessé d'enterrer les morts à cet endroit. Mais le terrain leur resta consacré, et ne fut désaffecté qu'au bout d'un millier d'années, au profit de la basilique. Les sondages que j'ai pratiqués, au-dessous et autour des fondations, ne m'ont fait rencontrer aucune trace de substructions appartenant à des édifices antérieurs. Par contre, de tous les côtés, le sol vierge est coupé de tombeaux, simples fosses creusées

---

1. Cette description et les suivantes sont extraites d'un mémoire inédit de Gauckler. Cf. sa communication à l'Institut sur les Baptistères byzantins (*C. R. de l'Acad. des Inscript.*, 1901, p. 603).]

2. Note relevée dans les dossiers de Gauckler : « Importance de l'orientation. On préfère supprimer la porte de façade. Exemple type : Carthage. » — Sur la basilique de Dermech, cf. la communication de Gauckler au Congrès des Orientalistes de Rome en 1899 (*Bull. du Congrès des Orientalistes de Rome*, 1899, n. 14, p. 21).]

dans le sable, ou grandes chambres construites en dalles de tuf : les uns vides, les autres violés, parfois même transformés en réservoirs pour les besoins de l'église.

La basilique de Dermech présente un ensemble très complet. Elle se compose : de l'église proprement dite, avec le secretarium ; d'un atrium ; d'un baptistère, avec oratoire spécial ; le tout, de plain pied, et enfermé dans une même enceinte, longue de 40 mètres environ, et large de 34 mètres. En outre, un large couloir, qui s'ouvre à gauche de l'abside,

Dermech. — Basilique.

et qui aboutit à une porte située à l'angle nord-est, même à d'autres constructions plus hautes. Enfin, une autre chapelle, à trois nefs, est accolée à la face sud de la basilique, sur une terrasse qui la domine de près de 4 mètres et ne communique pas directement avec celle-ci. Plus loin encore, au nord-ouest, s'étend un cimetière chrétien, où l'on a compté plus de cent tombes, la plupart sans épitaphes.

L'édifice est construit avec beaucoup de soin. Les murs sont faits d'un blocage très résistant, coupé, de distance en distance, par des chaînages en pierre de taille. Ils sont peu épais ; ce qui prouve qu'ils n'avaient à supporter qu'un poids assez léger. Les nefs n'étaient donc pas voûtées, mais simplement protégées par un toit en charpente, recouvert de tuiles. Nulle part, la maçonnerie n'était apparente. Elle était revêtue, à l'extérieur, d'un crépissage uniforme; à l'intérieur, d'enduits stuqués et peints, ornés de reliefs et de corniches découpés au fer, et, par endroits, de placages de marbre et de porphyre. L'église proprement dite, longue de 40 mètres et large de 21, est pavée tout entière d'une riche mosaïque, figurant un carrelage étoilé, d'un dessin uniforme. Elle est divisée en cinq nefs par quatre colonnades faites, de part et d'autre de la nef centrale, de colonnes accouplées sous une même console, et, dans les bas-côtés, de colonnes isolées. Ces colonnes, comme aussi leurs bases et leurs chapiteaux, ont presque toutes été empruntées à des édifices antérieurs. Il n'y en a pas deux qui se ressemblent. Les unes sont torses, les autres lisses ; elles sont faites de granit ou de basalte, de marbre blanc ou noir, rose chair, rouge foncé, ou de brèches d'Afrique. Les chapiteaux sont corinthiens ou composites ; les bases, en marbre ou en calcaire coquillier, diffèrent de niveau pour racheter l'inégalité des fûts qu'elles supportent. Mais cette diversité de matière et de forme, qui répugne à l'art classique, introduit, dans la monotonie des lignes verticales uniformes, un élément de variété et de polychromie, qui ne devait pas être dénué de charme.

Les colonnades s'arrêtent, d'une part, aux piliers de l'arceau central et des arcades latérales qui délimitent le narthex, et, de l'autre, au niveau de l'abside. Autour de celle-ci, règne un déambulatoire, ménagé pour les besoins de la circulation, laquelle ne pouvait s'effectuer qu'au pourtour de l'église, le centre étant obstrué par les barrières qui entouraient le chœur.

L'abside, dont le sol est surélevé, semble avoir été remaniée. Primitivement, elle devait abriter l'autel, que remplaça ensuite un banc demi-circulaire adossé au mur, et, peut-être, au milieu, la cathèdre de l'évêque. Quant à l'autel, il fut reporté en avant, et entouré d'une clôture de marbre qui l'unit à l'abside et l'isole des nefs latérales. Les traces de ce remaniement sont restées très visibles. Tout l'espace compris à l'intérieur de la balustrade a été légèrement surélevé et pavé d'une mosaïque nouvelle, sous laquelle on retrouve partout les traces de l'ancien pavement.

L'autel se dressait sous un ciborium, soutenu par quatre colonnettes en marbre de Chemtou, rose chair, supportées elles-mêmes par de beaux piédestaux en marbre blanc, ornés de la croix byzantine, inscrite dans un cercle. Il recouvrait un reliquaire, déposé dans une cavité carrée, de 0 m. 75 de côté sur 0 m. 60 de profondeur.

La clôture qui entoure l'autel, et dont quelques éléments ont été retrouvés en place, se prolonge en avant jusqu'à la rangée de colonnes qui précède immédiatement le narthex ; d'où une sorte de galerie d'accès, qui se rétrécit par deux fois, et qui s'ouvre à l'Ouest

dans l'axe de la basilique, tandis que la balustrade l'isole complètement du reste de l'édifice.
A ces cancels de marbre blanc, dont nous avons conservé de nombreux débris, venaient
s'appuyer d'autres balustrades, qui divisaient le chœur en un grand nombre de comparti-
ments distincts, marquant les places réservées, suivant la hiérarchie ecclésiastique, aux
clercs, aux vierges, aux veuves. Les traces de ces barrières, qui devaient être légères et
mobiles, apparaissent très nettes, non sur le pavement, sur lequel elles étaient simplement

Dermech. — Baptistère.

posées, mais sur les bases de colonnes, où elles s'encastraient verticalement. Il n'en reste
aucun vestige. Elles doivent avoir été faites en bois, et ont été brûlées au moment de
l'incendie qui détruisit l'église.

Les sacristies et les archives sont disposées à droite et à gauche de l'abside. Ce sont des
pièces rectangulaires, très ruinées aujourd'hui, mais qui ont conservé, presque intact, leur
pavement en mosaïque. Les motifs diffèrent suivant chaque chambre ; ce sont des rosaces,
des coquilles, des combinaisons géométriques de losanges et de carrés, d'un style très
caractéristique, mais sans autre intérêt. La seule particularité à noter, est la place d'une

cathèdre, nettement marquée par un motif demi-circulaire, au fond de la première chambre à gauche de l'abside.

Le baptistère est étroitement relié à l'église, avec laquelle il communique directement, par deux portes qui s'ouvrent sur le narthex, et indirectement, par un passage à ciel ouvert, qui traverse l'atrium pour aboutir au milieu du bas-côté de gauche. En outre, deux portes, ménagées au fond de l'oratoire, à droite et à gauche de l'abside, permettent d'accéder à la sacristie et au secretarium, sans avoir à traverser l'église.

Ce baptistère forme, cependant, un tout indépendant et complet ; il pourrait, sans inconvénient, exister seul. Il se divise en deux parties, communiquant entre elles par une large baie à trois arcades : la chambre des fonts, où le catéchumène reçoit le baptême, et l'oratoire où, après l'immersion, l'évêque lui administre le saint chrême.

L'oratoire, de forme allongée, mesure 12 m. 50 de long sur 8 m. 25 de large. Il semble n'être qu'une réduction de la basilique, dont il reproduit, en petit, les dispositions essentielles ; au fond, l'abside, avec un banc demi-circulaire et une cathèdre médiane ; en avant, l'autel, qui recouvre une cuve à reliques, et qu'abrite un ciborium à quatre colonnettes. La décoration de cet oratoire devait être particulièrement soignée, à en juger par la richesse des pavements. L'abside est ornée de rinceaux en mosaïque, égayés d'oiseaux divers. Devant l'autel se développe un riche réseau d'entrelacs, où circulent aussi des oiseaux, tandis que les bas-côtés sont indiqués par deux bandes de coquilles alternées.

La chambre des fonts est, à peu près, carrée (12 m. 50 sur 10 m. 25). Elle se compose de deux parties concentriques, qu'isolent une colonnade rectangulaire de granit et un cancel de marbre blanc : au pourtour, un promenoir ; au centre, l'espace réservé à la cuve baptismale. Celle-ci s'ouvrait au niveau du sol, sous un baldaquin que soutenaient quatre colonnes en marbre rose de Chemtou, et d'où pendaient sans doute des rideaux servant à masquer, au moment de l'immersion, la nudité du catéchumène.

Les fonts reproduisent exactement le même type que les deux autres baptistères précédemment découverts à Carthage, celui de Damous El Karita et celui de Bir Ftouha : cuve à deux étages, hexagonale à l'orifice, et rétrécie à mi-hauteur par un degré circulaire descendant jusqu'au fond. Le premier étage est muni de deux escaliers, ménagés à l'Est du diamètre Nord-Sud, sur les deux côtés non adjacents de l'hexagone. Les catéchumènes pouvaient ainsi défiler devant l'évêque, qui leur faisait face à l'Ouest de la cuve, le visage tourné vers l'autel de l'oratoire. La cuve était alimentée par une citerne, établie dans une chambre funéraire punique, adjacente au mur d'enceinte de la basilique. L'eau s'écoulait par un canal de décharge, aboutissant à un second réservoir placé sous le baptistère lui-même. On l'utilisait ensuite pour laver les salles, en la puisant par un orifice circulaire, s'ouvrant dans un coin de la chambre, et recouvert d'un disque de pierre.

La cuve, construite en petit appareil et ciment de tuileaux, était entièrement plaquée de marbre blanc. L'espace compris entre le dais et la colonnade du portique, était pavé de mosaïques, déterminant quatre bandes différentes de motifs géométriques parsemés d'oiseaux et de fleurs. Le pavement du pourtour était plus simplement décoré, de rosaces hexagonales d'un dessin uniforme. Les murs étaient recouverts d'un enduit blanc, orné de peltes, rosaces et entrelacs aux vives couleurs, et de palmiers mystiques chargés de régimes, se détachant en relief comme des pilastres de plâtre découpé, tandis que, sur la corniche de couronnement, se succédaient des croix byzantines dorées, alternant avec des rameaux d'acanthus spinosus.

La basilique de Dermech avait donc une réelle importance, malgré ses dimensions restreintes. Plus ramassée que l'immense église de Damous el Karita, elle était aussi complète, et, peut-être, plus luxueusement ornée.

A quelle date a-t-elle été construite? A mon avis, elle ne peut guère remonter plus haut que les derniers temps de la domination vandale, ou même, que le règne de Justinien. Tous les détails de la construction et de l'ornementation sont caractéristiques d'une très basse époque : l'extraordinaire disparate des colonnes et des chapiteaux, qui prouve combien étaient nombreux, au moment de la construction, les monuments publics en ruines; la grossièreté, la lourdeur de profil, de la plupart des morceaux d'architecture sculptés spécialement pour la décoration de l'édifice; la forme des croix qui les ornent souvent; le style des pavements en mosaïque, et la matière dont sont faits les cubes (brique et pierre calcaire, au lieu de marbre et smalts); enfin, la barbarie des épitaphes retrouvées dans le cimetière qui entoure la basilique, et qui lui est certainement contemporain.

D'autre part, il me paraît indiscutable que ce sont les Arabes qui ont détruit la basilique, en 698. Au-dessus des décombres, accumulés par l'incendie de l'édifice, on ne trouve plus aucun débris se rattachant à une époque postérieure; rien que de la terre rapportée. Le terrain a été entièrement abandonné; ce qui ne peut s'être produit qu'au moment de la destruction finale de Carthage. « Hassan la détruisit de fond en comble, nous dit El Kairouani, et en dispersa les habitants ». Or, avant cette date, l'église ne semble pas avoir servi au culte pendant une très longue période. Elle ne porte la trace que d'un seul remaniement, et qui n'intéresse que les dispositions accessoires de l'intérieur. Le pavement en mosaïque est uniforme, et ne présente aucune trace d'usure, aucune de ces réparations si fréquentes dans tous les monuments africains qui ont duré longtemps. Surtout, on n'y trouve, encastrée dans le pavement, aucune de ces épitaphes, si fréquentes dans les autres églises de Carthage, notamment dans la basilique byzantine de Bir Ftouha, et recouvrant la dépouille mortelle de clercs ou de fidèles, qui ont tenu à se faire enterrer le plus près possible de l'autel, sous la protection immédiate des reliques de martyrs qu'il contenait.

L'église était donc encore presque neuve, lorsqu'elle a été saccagée par les Arabes. Ce que fut cette destruction, l'état dans lequel j'ai retrouvé la basilique suffit à nous en donner une idée. Toutes les sculptures qui se trouvaient à portée de la main des envahisseurs, furent brisées avec rage, à coups de masse ; une des bases, ornées de croix, du *ciborium*, est cassée en dix-sept morceaux. Les autels furent renversés ; les reliquaires, violés et dépouillés de leur contenu. Puis, tous les matériaux inflammables, sièges, balustrades, tentures, furent amoncelés au centre de l'église ; et on y mit le feu. La trace de ce bûcher est facilement reconnaissable sur la mosaïque, les cubes du pavement étant entièrement calcinés à cet endroit.

Après l'incendie, l'édifice fut abandonné ; mais la démolition continua. Placé à proximité de la mer, rempli de marbres précieux, il était prédestiné à être exploité comme carrière de pierres par les marins pisans, amalfitains et vénitiens, qui pillaient méthodiquement les ruines de Carthage au Moyen Age. Heureusement, les apports de la colline qui domine l'édifice vinrent bientôt recouvrir les décombres, et, en les dissimulant entièrement aux regards, préservèrent efficacement les restes que nous venons de retrouver.

Une dernière question se pose à propos de la basilique de Dermech : la question la plus importante, celle de son identification. C'est là, malheureusement, un problème qu'il me paraît impossible de résoudre. Les fouilles ne nous ont fourni, à part un fragment d'inscription grecque insignifiante, aucun document épigraphique qui puisse nous fixer sur ce point. Les textes écrits ne nous renseignent pas davantage. Des dix-sept basiliques de Carthage dont nous connaissons les noms, aucune ne présente des caractères qui conviennent spécialement à notre édifice. Par contre, la date de la construction nous permet d'écarter, *a priori*, toutes celles qui sont antérieures aux derniers temps de la domination vandale. Dès lors, il n'en reste que deux, sur lesquelles pourrait se porter notre choix : la basilique de Thrasamund, et celle de Sainte-Prime, construite par ordre de Justinien. Il vaut mieux avouer notre ignorance, et nous borner à dire que la basilique de Dermech devait être, à l'époque byzantine, l'un des sanctuaires les plus importants de Carthage, et, très probablement, à cause de son grand baptistère, l'église principale, la basilique par excellence, de l'une des régions ecclésiastiques qui se partageaient la cité.

II

BASILIQUE DE SIAGU

La basilique et le baptistère de Siagu (Bir bou Rekba, près d'Hammamet) appartiennent à un ensemble architectural aussi important que celui de Carthage, mais moins bien conservé. Les ruines sont, à peu près, rasées à la surface du sol : aussi n'avaient-elles jamais été signalées jusqu'ici. Elles ont été découvertes en 1899 par M. Sadoux, au cours des fouilles exécutées par le 5ᵉ Bataillon d'Afrique, pour le compte du Service Tunisien des Antiquités. Les travaux étaient dirigés par le commandant Drude, chef du 5ᵉ Bataillon, qu'assistait le capitaine Bordier, chargé d'une mission scientifique par le Ministère de l'Instruction Publique. Les plans, dessins et aquarelles, ont été exécutés par le lieutenant Bigotte et le caporal Lacroix, sous la direction de M. Sadoux, inspecteur du Service des Antiquités de Tunisie.

La basilique de Siagu est placée dans une situation très favorable, presque au sommet d'une colline en pente douce, qui s'élève immédiatement au Nord des plaines de l'Enfida, et d'où la vue s'étend au loin sur tout le littoral du golfe d'Hammamet. Elle se dresse au-dessus des Thermes, du Nymphée, et des autres monuments publics de la cité, à peu de distance de la forteresse byzantine. L'édifice est, comme à l'ordinaire, presque exactement orienté.

La disposition du terrain, qui s'incline presque insensiblement de l'Est à l'Ouest, se prête à souhait aux exigences d'une perspective que l'architecte a su habilement ménager.

La basilique se compose de trois parties, légèrement étagées, qui ont le même axe et se succèdent en longueur de l'Est à l'Ouest. Au fond, un *baptistère* ; puis, l'*église* proprement dite ; et en avant, sur une plate-forme remblayée, un *atrium*. La façade de l'édifice est donc bien dégagée ; elle est mise en valeur par un large escalier de six marches, qui la précède et rachète la différence de niveau entre la terrasse de l'atrium et le sol environnant. Après avoir gravi l'escalier, l'on pénètre d'abord dans une cour carrée, à ciel ouvert, qu'entoure un cloître, muni, à sa base, d'un caniveau qui recueille les eaux de pluie. La cour est un cimetière : elle est remplie de tombes, dont aucune, malheureusement, ne porte d'épitaphe. La galerie qui règne autour de l'atrium se prolonge au delà, et fait tout le tour de l'église proprement dite, qu'elle encadre.

Celle-ci présente des dispositions architecturales assez analogues à celles de la basilique de Dermech. Elle n'a pas de narthex : ou plutôt, c'est le portique de l'atrium qui lui sert de porche. Deux colonnades la divisent en trois nefs d'inégale grandeur. Celle du centre, très large, est réservée au chœur. Des balustrades, insérées entre les colonnes, l'isolent des bas-côtés. Ceux-ci sont continués et réunis par un déambulatoire demi-circulaire, ménagé en arrière de l'abside pour faciliter la circulation autour du chœur.

L'abside semble réservée aux sièges de l'évêque et des principaux dignitaires ecclésiastiques. L'autel, reporté en avant, est entouré d'une clôture en marbre, dont les traces subsistent. Il était placé sous un ciborium à quatre colonnettes, et recouvrait une cuve de reliques : entre l'abside et l'autel, a été retrouvé, juste dans l'axe du monument, le tombeau d'un saint ou d'un évêque.

L'église est flanquée, à droite et à gauche, dans toute sa moitié postérieure, de plusieurs petites pièces, qui constituent le *secretarium*. L'une d'elles est remplie de tombeaux.

Toute cette partie de l'édifice est fort effacée aujourd'hui, et serait difficile à reconnaître sur le terrain, si nous n'avions, pour nous guider, les pavements en mosaïque, assez bien conservés, qui délimitent exactement les différentes pièces, et jalonnent les principales divisions de l'église. Ils offrent des motifs géométriques très variés, dessinés en cubes de pierre calcaire du pays, d'une grande fraîcheur de coloris. Le chœur et les bas-côtés sont pavés en *opus sectile*, fait de plaquettes de marbre découpé, blanc, noir, jaune et rose. L'espace réservé qui entoure l'autel, devait être décoré avec un soin tout particulier, à en juger par quelques palmettes et rinceaux de matières précieuses, seuls vestiges de la marquetterie de pierre qui recouvrait le sol à cet endroit.

Au fond et dans l'axe de l'église, s'ouvre, à travers la galerie extérieure, la porte de communication avec le baptistère. Celui-ci occupe un pavillon octogonal, aux formes rigoureusement géométriques, de proportions habilement calculées, et d'une symétrie parfaite. Il se divise en deux parties : au pourtour, le long de l'épais mur d'enceinte, dont les huit pans se creusent chacun de trois niches en coquille [1], règne une galerie dont les arceaux reposent, d'une part, sur des colonnes simples qui occupent les angles [2], et, de l'autre, sur les colonnes géminées du portique octogonal qui entoure les fonts baptismaux. Une clôture de marbre, courant dans les entrecolonnements, et ne s'interrompant qu'en face de l'entrée, isole l'espace réservé à l'évêque et aux catéchumènes.

La cuve, assez profonde, a quatre degrés. Le gradin inférieur est carré ; les deux suivants sont circulaires ; celui de l'orifice a la forme d'un octogone régulier incomplet, coupé à l'Est par une sécante, menée perpendiculairement à l'axe de l'édifice par les extrémités opposées de deux côtés adjacents. C'est là que se tenait l'évêque, le visage tourné vers l'église.

La cuve est alimentée par une canalisation provenant d'une citerne, construite extérieurement à gauche, dans l'angle que forme le baptistère avec l'église. Elle se vide au moyen d'un canal de décharge. Elle est revêtue de mosaïque à dessins très simples, tandis que la margelle, le dallage du baptistère et le revêtement des niches sont faits de marbre blanc.

---

1. Ces niches, très basses, devaient servir plutôt de sièges pour les fidèles que d'abri pour des statues.
2. A ces colonnes correspondent, à l'extérieur de l'édifice, des pilastres qui renforcent les angles.

## III

## BASILIQUE DE L'OUED-RAMEL.

La basilique de l'Oued-Ramel a été découverte et déblayée, en 1897-98, par la Direction des Antiquités de Tunisie. L'église proprement dite, à trois nefs, avec une abside dégagée au fond, est accompagnée de plusieurs constructions annexes, qu'enferme et que défend une enceinte commune. Le tout est très détruit aujourd'hui, les ruines ayant été mises à contribution pour fournir la pierre à bâtir, nécessaire aux maisons des colons du voisinage. Les murs sont presque tous rasés au niveau du sol antique ; parfois même, ils ont entièrement disparu ; et l'on serait fort en peine de retrouver le plan de l'édifice, si l'on n'avait, pour se guider, les restes des pavements en mosaïque, qui, malgré leur mauvais état de conservation, jalonnent encore le terrain de précieux points de repère.

Le baptistère occupe un pavillon annexe, placé à gauche et au Nord de l'église. Comme celle-ci, il est exactement orienté, et s'ouvre à l'Ouest. Il se divise en deux salles contiguës, de même largeur et de longueur presque égale : à l'Est, une chambre carrée, de 4 m. 20 de côté, peut-être un oratoire, dont le pavement en mosaïque dessine, dans une bordure de feuilles d'eau, quatre grandes rosaces, formant des trèfles à quatre feuilles. Le centre de chacun de ces médaillons est occupé par un oiseau : perdrix, coq, pélican, dans un encadrement carré. Trois sont à peu près intacts ; le quatrième est détruit. Au centre de la salle voisine, se trouvaient les fonts baptismaux, s'ouvrant au niveau du sol, et profonds de 1 m. 10. Ils affectent la forme d'une croix grecque aux extrémités arrondies, s'inscrivant dans un carré, dont les angles sont occupés par quatre colonnes calcaires qui soutenaient un baldaquin. La base d'une de ces colonnes, grossièrement moulurée, est encore en place. Le bassin inférieur est carré ; il n'y a pas de trou pour l'écoulement des eaux.

A l'origine, on pouvait descendre dans la cuve par les quatre branches de la croix, qui forment autant d'escaliers de deux marches. Plus tard, l'une des branches de la croix, celle du Nord, a été barrée par une grande dalle de marbre blanc, que nous avons retrouvée en place, appliquée contre la paroi de la cuve, et dépassant de quelques centimètres le niveau du sol de la chambre. Elle formait ainsi une cloison pleine, une sorte de barrière, derrière laquelle se tenait l'évêque, le visage tourné vers l'église voisine. Cette dalle n'était autre qu'un devant de sarcophage païen, figurant les trois Grâces et les quatre Saisons. L'on s'était contenté de retourner la pierre, de façon à rendre apparente la face intérieure, qui

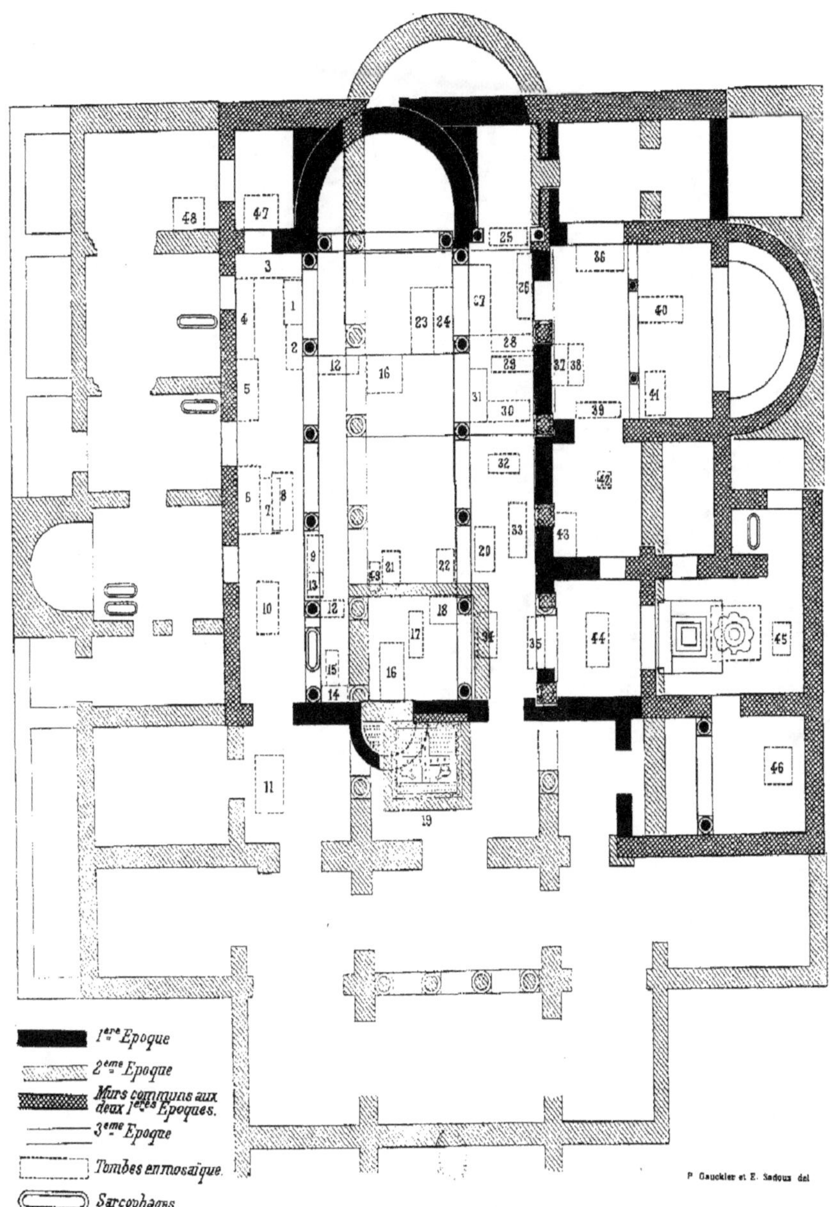


PLAN DE LA BASILIQUE CHRÉTIENNE D'UPPENNA

ne présentait aucun dessin, et à dissimuler contre le mur les bas-reliefs, empâtés de mortier. Ceux-ci furent ainsi garantis de toute mutilation ultérieure, et sont parvenus jusqu'à nous dans un état de conservation très satisfaisant. .

Dans leur disposition primitive, les fonts baptismaux de l'Oued-Ramel reproduisent le plan de ceux d'El Kantara, qui ont été transportés de l'île de Djerba au musée du Bardo. Mais, tandis que ceux-ci sont faits de blocs massifs de marbre blanc, la cuve est ici maçonnée en blocage et tapissée de mosaïque.

Le revêtement est fait de gros cubes calcaires, assez mal cimentés, et qui ont disparu en beaucoup d'endroits. Les principaux motifs de la décoration sont, cependant, restés très reconnaissables. Au fond de la cuve, la colombe aux ailes éployées, qui symbolise la descente du Saint-Esprit au moment du baptême de Jésus-Christ ; à droite et à gauche, encadrant les branches latérales, quatre palmiers chargés de fruits ; enfin, à l'entrée et à la sortie des fonts, le cerf et la biche, agenouillés, buvant aux quatre fleuves du Paradis. Ce sont des sujets fréquemment traités dans les mosaïques chrétiennes : on les retrouve notamment en Afrique, plusieurs fois répétés, sur le pavement de la grande basilique circulaire de Bir-Ftouha [1] à Carthage.


IV

BASILIQUE D'HENCHIR CHIGARNIA


La basilique d'Henchir Chigarnia (l'ancienne Uppenna) a été construite en partie sur les substructions d'un temple païen. Le sanctuaire primitif, exactement orienté, long de 23 mètres sur 12 mètres de large, comportait : trois nefs, séparées par deux colonnades ; une abside de chevet, surélevée, et engagée entre deux sacristies ; une absidiole faisant face à la première, et, elle aussi, surélevée d'une marche, à l'autre extrémité de la nef centrale, et précédée d'un second chœur ; une chapelle à abside dégagée, chœur, narthex et bas-côtés, flanquant la basilique au Nord perpendiculairement à celle-ci ; puis, du même côté, et faisant suite à la grande chapelle, de l'Ouest à l'Est, un baptistère, à cuve carrée, où l'on descendait par trois degrés, et une autre chapelle, précédée d'un vestibule. Tout cet ensemble architectural était pavé de riches mosaïques de marbre et de smalts, de dessins très variés.

---

1. L'analogie des deux mosaïques permet de les dater de la même époque. Le baptistère de Bir-Ftouha est certainement byzantin, comme l'indiquent les tombes. Donc celui de l'Oued-Ramel est aussi byzantin.

Deux siècles plus tard, la basilique fut élargie vers le Nord, de telle façon que la nef centrale engloba tout l'ancien bas-côté de droite. L'on remplaça celui-ci par une nouvelle galerie, reportée plus loin, et débordant sur les chapelles latérales et sur le baptistère, dont il fallut reculer la cuve, en substituant à l'ancienne piscine carrée un nouveau bassin en forme de rosace étoilée à huit branches. En même temps, le sol du sanctuaire, surélevé, fut recouvert d'une nouvelle couche de mosaïque, à motifs géométriques, de style et d'exécution moins soignés que le premier pavement. Enfin, de nouveaux agrandissements et remaniements, exécutés à une époque plus basse encore, dotèrent la basilique de nouvelles chapelles annexes, bordant le bas-côté placé à gauche et au Sud de l'abside, tandis qu'on recouvrait d'un pavement uniforme, en gros cubes calcaires, toutes les mosaïques antérieures.

# TABLE DES PLANCHES

---

I. — CARTHAGE. — *Basilique de Dermech* [1899].
Plan de la basilique et de ses dépendances.
Détails.

II. — KSAR EL HAMAR. — *Basilique* (1892).
Plan.
Coupe et détail.

III. — MAKTAR. — *Temple punique transformé en basilique* (novembre 1894).
Plan état actuel.
Coupes.
Corniche à l'inscription.
Base du temple païen.
Basilique, essai de restitution du plan.
Coupe.

IV. — MAKTAR. — *Temple punique transformé en basilique* (planche en couleurs).
Plan état actuel. — Temple païen et basilique chrétienne.
Coupes longitudinales.
Coupe transversale.
Profil du soubassement du temple païen.
Profil de la corniche à l'inscription.
Inscription punique du temple de Mizrah.
Essai de restitution du plan de la basilique.

V. — LE KEF. — *Basilique de Dar el Kous* (décembre 1894).
Plan.
Coupe en long.
Coupes en travers.
Clefs des arcs.
Linteau de porte.
Façade état actuel.

VI. — LE KEF. — *Grande Mosquée, Djemâa Kebira, ancienne basilique* (décembre 1896).
Plan état actuel.
Plan restauré.

VII.  — LE KEF. — *Grande Mosquée, ancienne basilique. — Coupes et détails.*

    Coupe dans l'axe, montrant la transformation de l'atrium en salle de mosquée.
    Coupe sur l'atrium restitué et les pièces d'angle.
    Coupes en travers.
    Détail des niches.
    Piliers de l'atrium, élévation et plan.

VIII. — SBIBA. — *Basilique* (novembre 1895).

    Plan.
    Coupe en long.
    Détails.

IX.   — SBIBA. — *Basilique, mosquée de Sidi Okba* (décembre 1895).

    Plan.
    Coupe.
    Fragments dans la construction.

X.    — SEGERMES. — *Basilique* (juin 1896).

    Plan.
    Coupe en long.

XI.   — HENCHIR KRIMA. — *Temple et basilique* (1896).

    Plan état actuel.
    Coupe dans l'axe.
    Détails.

XII.  — SBEITLA. — *Basilique près de l'amphithéâtre* (1896).

    Plan et détails.

    MAKTAR. — *Basilique au Nord-Est de l'Arc de Trajan* (1896).
    Plan.

    OUM EL ABOUAB. — *Chevet de basilique* (1896).

XIII. — HAÏDRA. — *Basilique byzantine* (janvier 1897).

    Plan.
    Inscription gravée sur le socle de la colonne A (face du bas-côté).
    Coupe en long.
    Perspective supposée.
    Coupes transversales.
    Chrisme gravé sur le linteau de la porte gauche de la façade.

XIV.  — HAÏDRA. — *Basilique et chapelles* (1898).

    Basilique. — Plan.
    Petite église dans la forteresse. — Plan, coupe, détails.
    Petite église au Nord-Est du monument aux niches. — Plan.

XV.    — Henchir Riria. — *Basilique* (mars 1897).
   Plan.
   Coupe transversale.
   Coupe dans l'axe.
   Détails des consoles.

XVI.    — Tabarka. — *Basiliques* (janvier 1897).
   Plan général de la grande basilique et du baptistère.
   Plan du baptistère octogonal. — État actuel.
   Coupe du canal A.
   Vue intérieure du baptistère.
   Arc des fenêtres.
   Consoles.
   Base des colonnes.
   Petite basilique sur la rive droite de l'Oued Ahmar, à 2 km. de Tabarka.

XVII.   — Tabarka]. — *Plan et mosaïques de la basilique du Bordj* (relevés de M. le capitaine
      Benet).

XVIII.  — Oued Ramel. — *Basilique* (1897-1898).
   Plan de la basilique.
   Plans de deux autres édifices.

XIX.    — Thala. — *Basilique* (juin 1898).
   Plan de l'état actuel.
   Plan de la basilique primitive.
   Coupe de la basilique primitive.
   Détails.
   Inscription de la mosaïque de l'abside.

XX.     — Feriana. — *Ensemble des constructions religieuses à l'Est de la citadelle* (juin 1898).
   Grande basilique.
   Chapelle voisine.
   Petite chapelle à 300 m. de la Grande Basilique.
   Monument aux quatre piliers.
   Petite basilique à environ 120 m. des quatre piliers.

XXI.    — Feriana. — *Grande basilique au Nord-Est des quatre piliers* (n. 1 du plan d'ensemble —
      juin 1898).
   Plan.
   Détails. — Colonnes du chœur, consoles, chapiteau, etc.

XXII.   — Feriana. — *Cinq monuments religieux* (juin 1898).
   Basilique au Nord-Est de Feriana, à gauche de la route de Kasserine. — Plan.
   Chapelle (n. 2 du plan d'ensemble).

Chapelle au Nord-Est de la Grande Basilique (n. 3 du plan d'ensemble).
Monument aux quatre piliers (n. 4 du plan d'ensemble).
Basilique (n. 5 du plan d'ensemble).

XXIII.    — FERIANA. — *Deux basiliques* (juin 1898).
Basilique au Nord-Est de Feriana, près de la route de Tébessa. — Plan.
Basilique à 50 m. de la citadelle, au Sud-Ouest. — Plan de la basilique et croquis
de l'ensemble des constructions annexes.

XXIV.    — FERIANA. — *Basilique au Sud-Est de la forteresse* (juin 1898).
Plan de la basilique et de l'atrium.
Coupe longitudinale.

XXV.    — FERIANA. — *Basilique et chapelle sur l'Oued Mamoura* (juin 1898).
Croquis indiquant la situation des deux édifices sur les bords de l'Oued Mamoura.
Plan de la basilique située sur la rive gauche de l'Oued Mamoura.
Plan et vue de la chapelle située sur la rive droite.

XXVI.    — HENCHIR GOUSSA. — *Basilique* (juin 1898).
Plan.
Vue du bas-côté de gauche.
Linteau de la porte ; inscription, chrisme et symboles.
Détails.

Henchir Boudriès. — *Basilique* (juillet 1898).
Plan de la basilique.

XXVII.    — KASSERINE. — *Basilique* (mai 1898).
Plan.
Coupe.
État actuel de la façade.
Détail d'une des portes.
Colonnes.
Linteau de la porte de gauche.

XXVIII. — MIDIDI. — *Basilique* (juillet 1898).
Plan.
Essai de restauration : coupe longitudinale et coupe transversale.
Détails des colonnes et des piliers.

XXIX.    — HENCHIR GOUBELL. — *Ensemble des ruines* (1899).

XXX.    — BIR BOU REKBA. — *Chapelles* (1899).
Plan d'un petit triforium, au Sud-Ouest de la forteresse.
Plan d'une chapelle, à l'intérieur de la citadelle.

XXXI. — MENINX (*El Kantara : île de Djerba*). — *Église* (juin 1901).
Plan.
Coupe longitudinale.
Détails.

XXXII. — MENINX (*Henchir Bourmedès*). — *Basilique et baptistère* 1901.
Plan de la basilique et du baptistère.
Bases des colonnes du baptistère.
Coupe du baptistère.

# TABLE DES MATIÈRES


|  |  | Pages |
|---|---|---|
| Préface des éditeurs | | 5 |
| Introduction, par P. Monceaux | | 7 |
| Description de basiliques : | | |
| I. Basilique de Dermech, avec 2 figures | | 11 |
| II. Basilique de Siagu | | 17 |
| III. Basilique de l'Oued Ramel | | 20 |
| IV. Basilique d'Henchir Chigarnia, avec 1 figure | | 23 |
| Table des planches | | 25 |



MACON, PROTAT FRÈRES, IMPRIMEURS

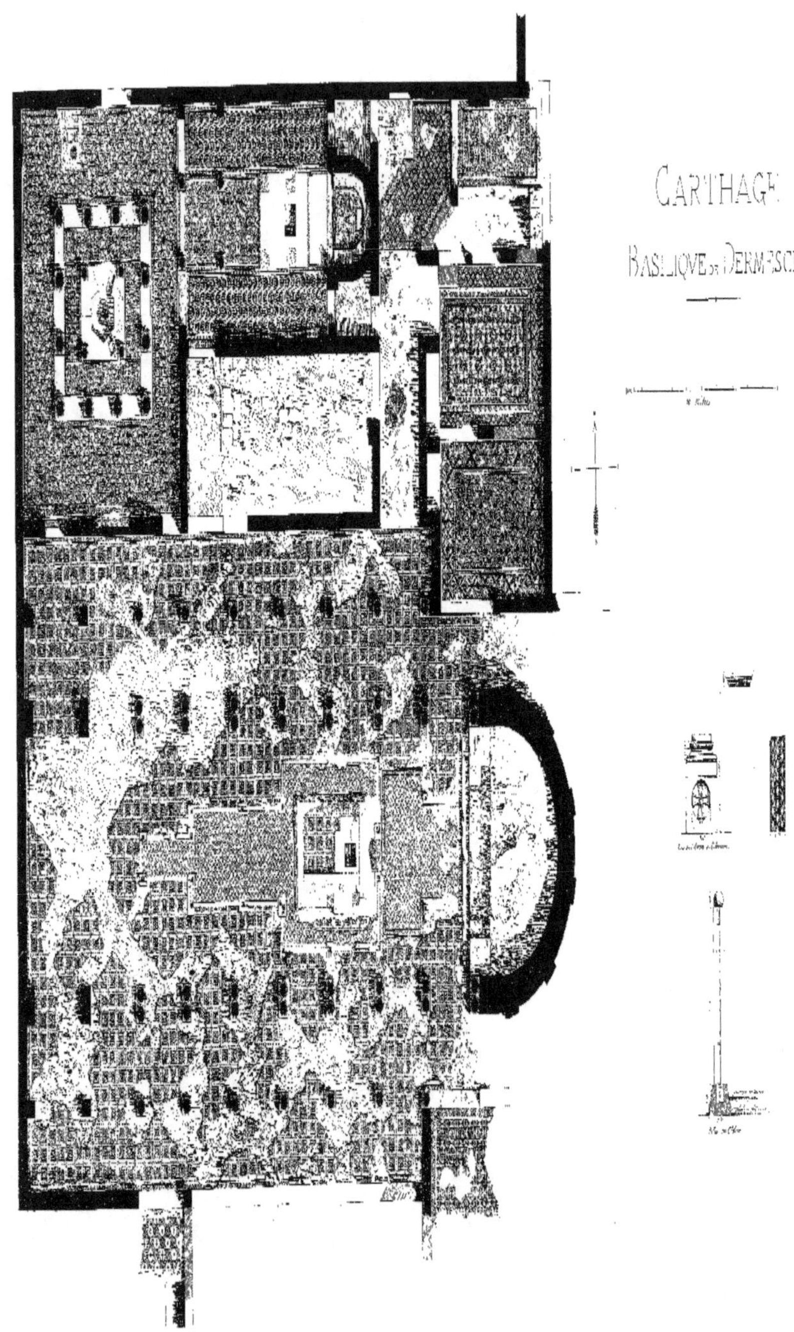
Pl. I
CARTHAGE
BASILIQUE DE DERMECH

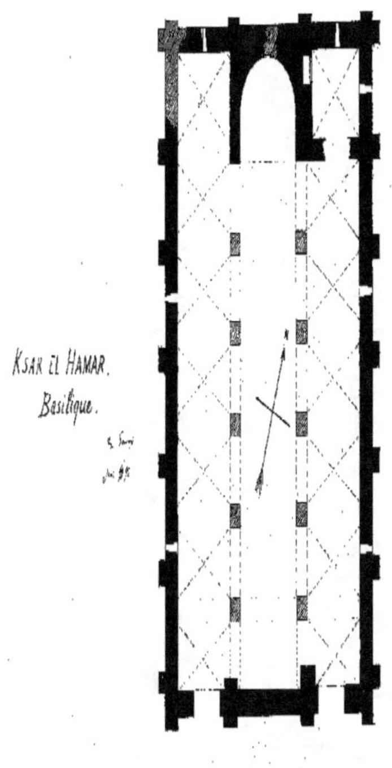

Ksar el Hamar.
Basilique.


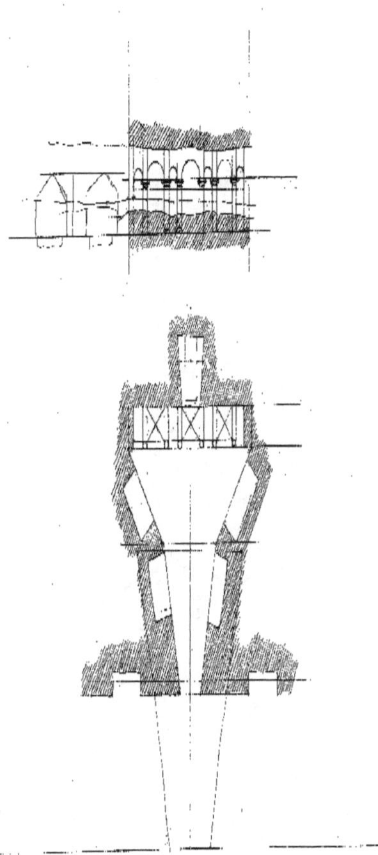

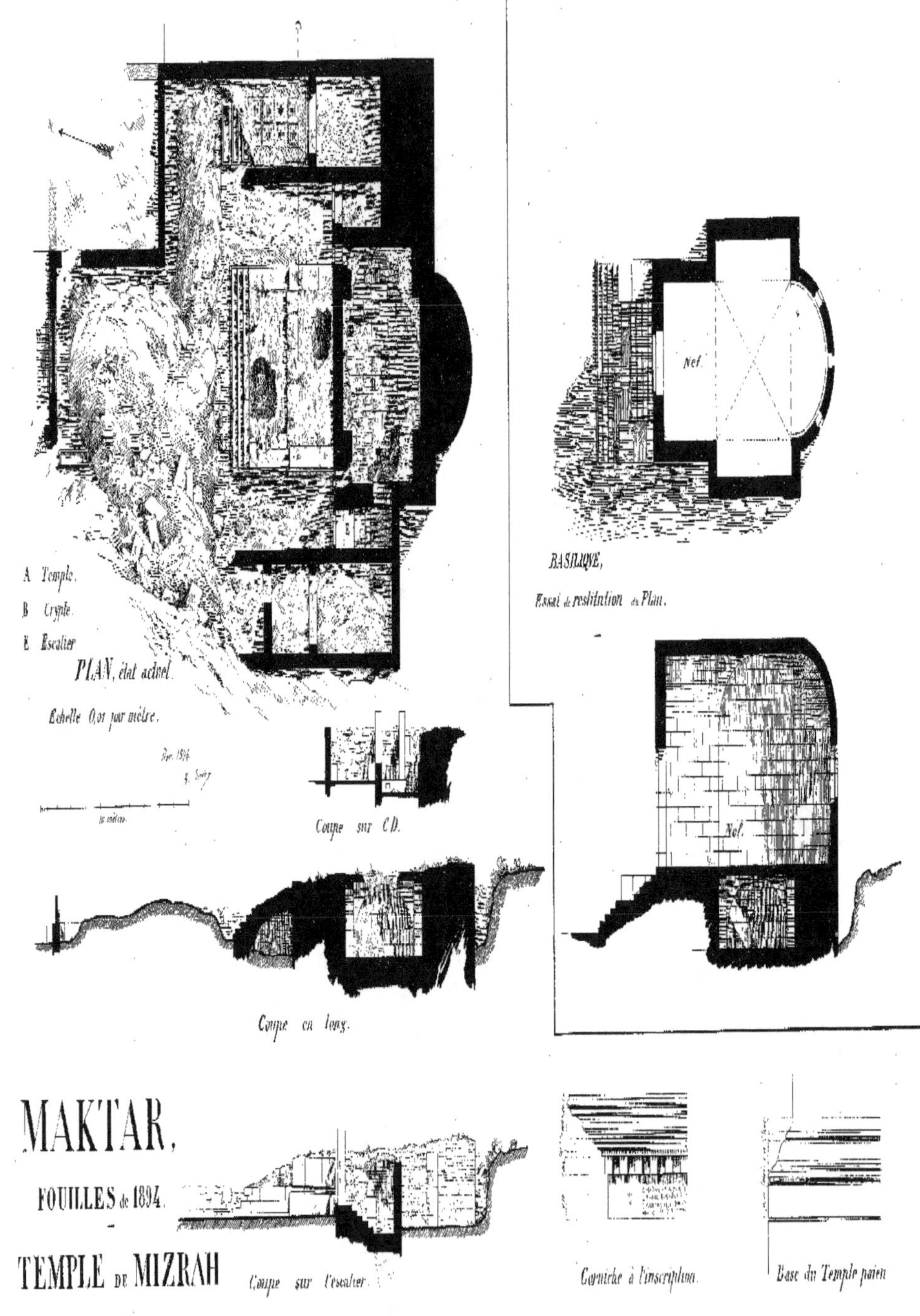

Pl. III
Nef.
BASILIQUE,
Essai de restitution du Plan.
Nef.
A  Temple.
B  Crypte.
E  Escalier
PLAN, état actuel.
Echelle 0,01 par mètre.
Coupe sur CD.
Coupe en long.
MAKTAR,
FOUILLES de 1894.
TEMPLE de MIZRAH
Coupe sur l'escalier.
Corniche à l'inscription.
Base du Temple païen.

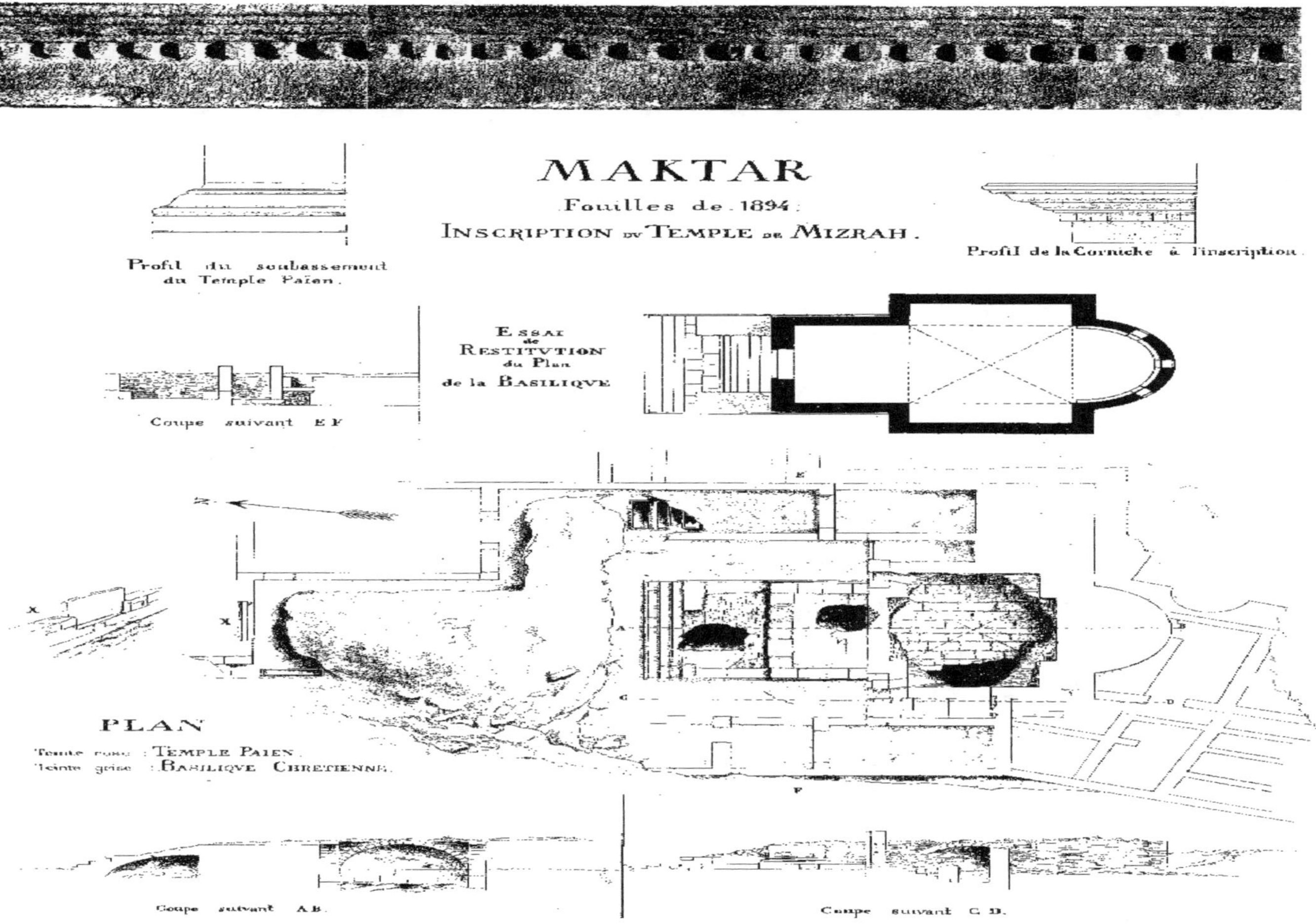

PL. IV
MAKTAR
Fouilles de 1894.
INSCRIPTION DU TEMPLE DE MIZRAH.
Profil du soubassement du Temple Païen.
Profil de la Corniche à l'inscription.
ESSAI de RESTITVTION du Plan de la BASILIQVE
Coupe suivant E F
PLAN
Teinte rose : TEMPLE PAIEN.
Teinte grise : BASILIQVE CHRETIENNE.
Coupe suivant A B.
Coupe suivant C D.

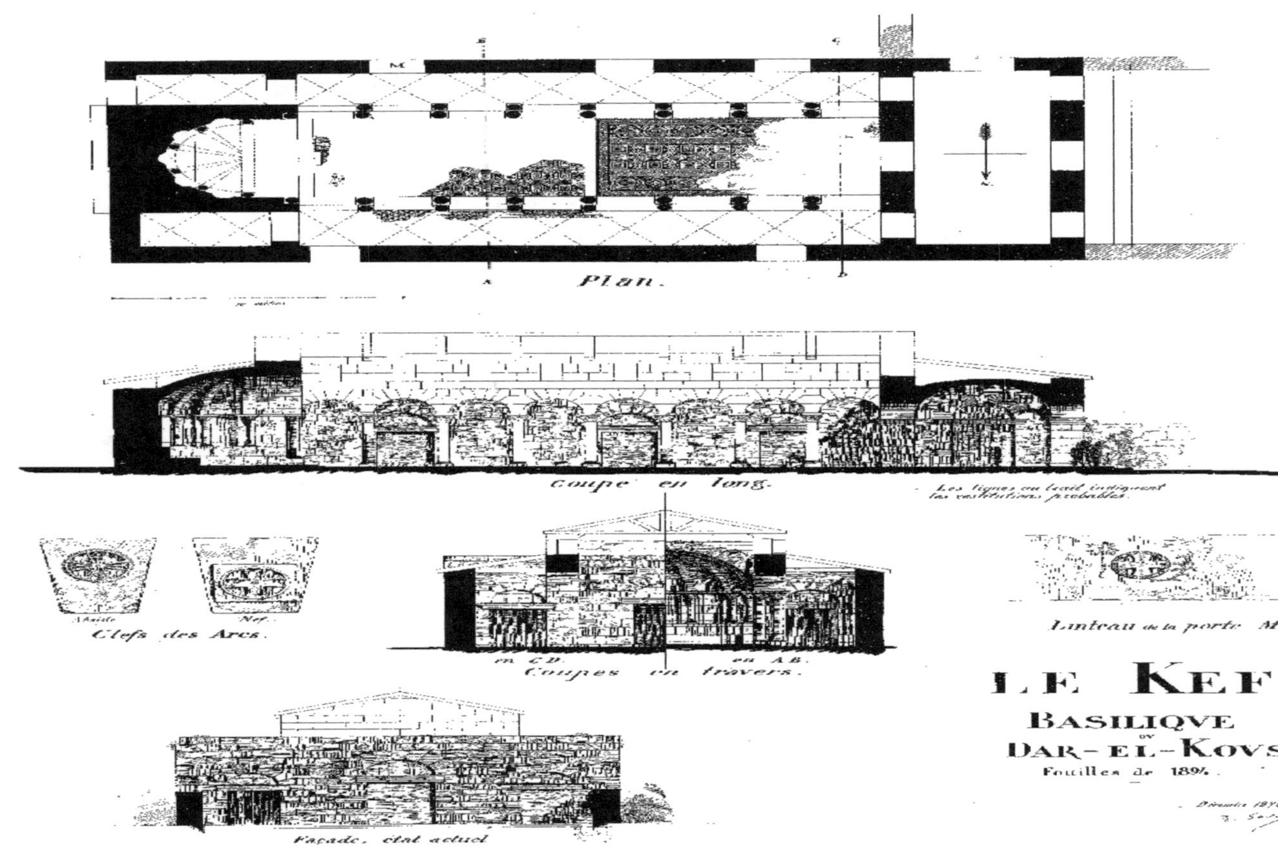
Plan.
Coupe en long.
Les lignes au trait indiquent les restitutions probables.
Abside.
Nef.
Clefs des Arcs.
en CD.
en AB.
Coupes en travers.
Linteau de la porte M.
Façade, état actuel.
LE KEF.
BASILIQVE
ou
DAR-EL-KOVS.
Fouilles de 1894.
Décembre 1894.

# LE KEF,
## GRANDE MOSQVÉE *(Djemâa Kebira)*

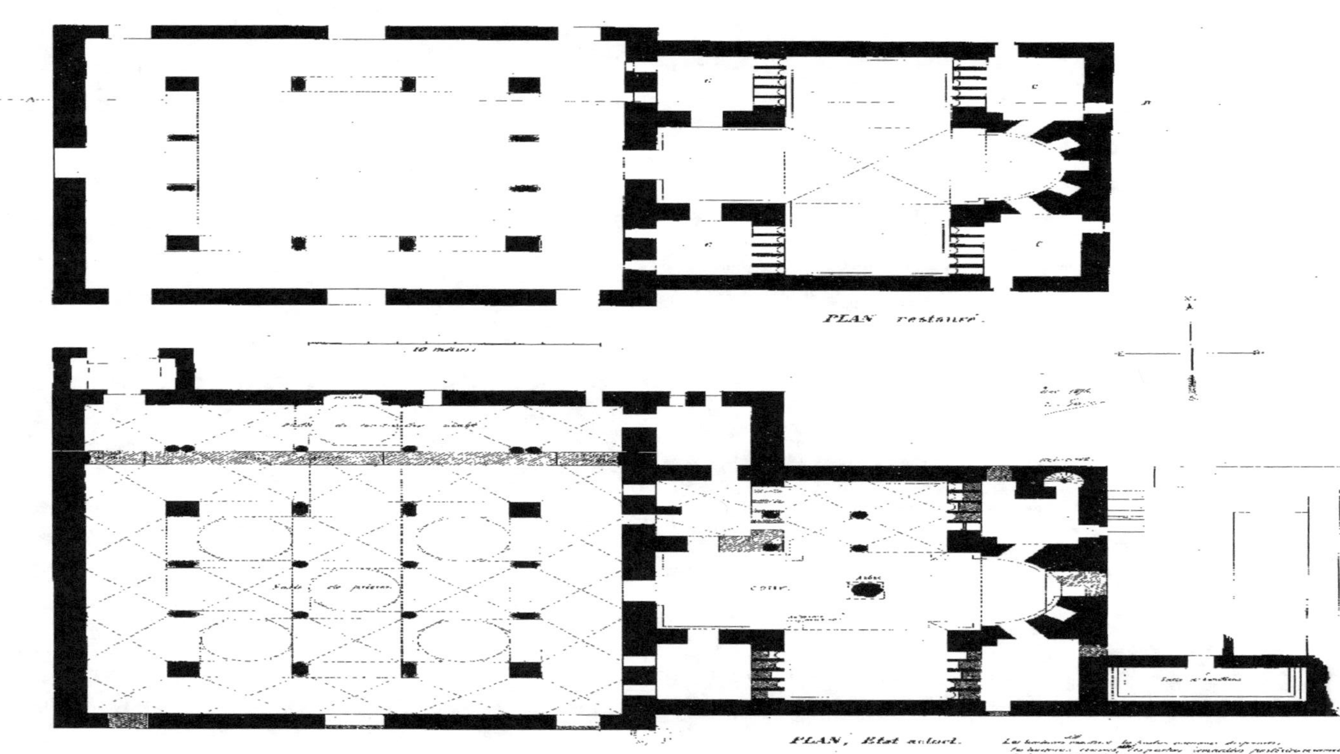

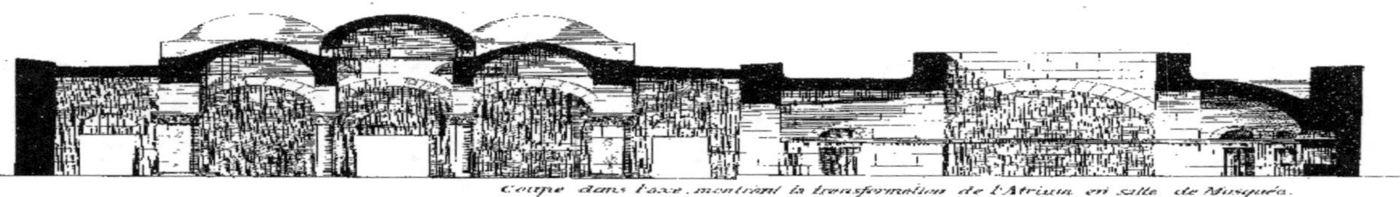

Coupe dans l'axe, montrant la transformation de l'Atrium en salle de Mosquée.

Coupe en AB, sur l'Atrium restitué et les pièces d'angle C.

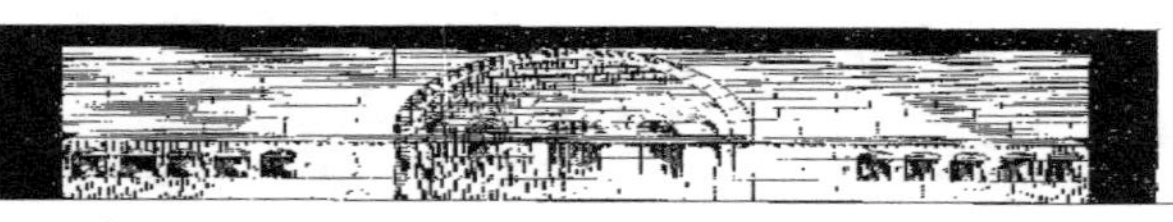

Coupe en travers sur les salles à niches, voûte centrale restituée.

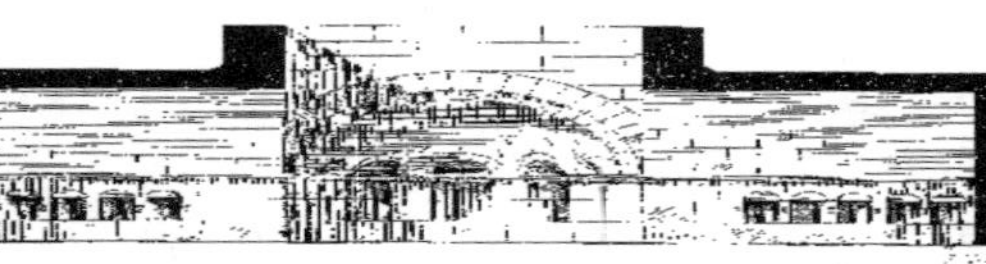

Coupe en travers, état actuel.

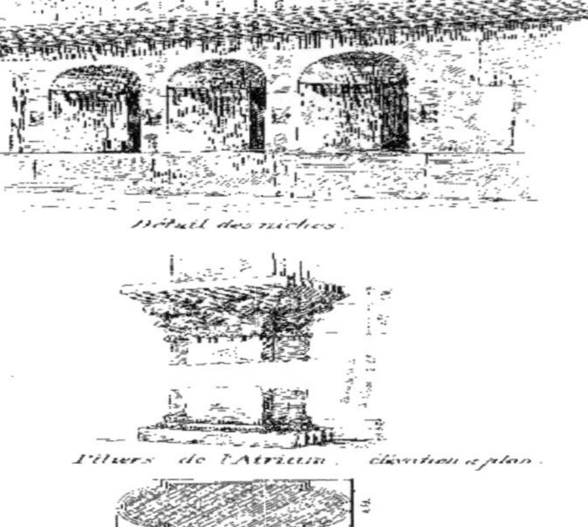



# LE KEF,
## G^de MOSQUÉE (Djemâa Kebira)

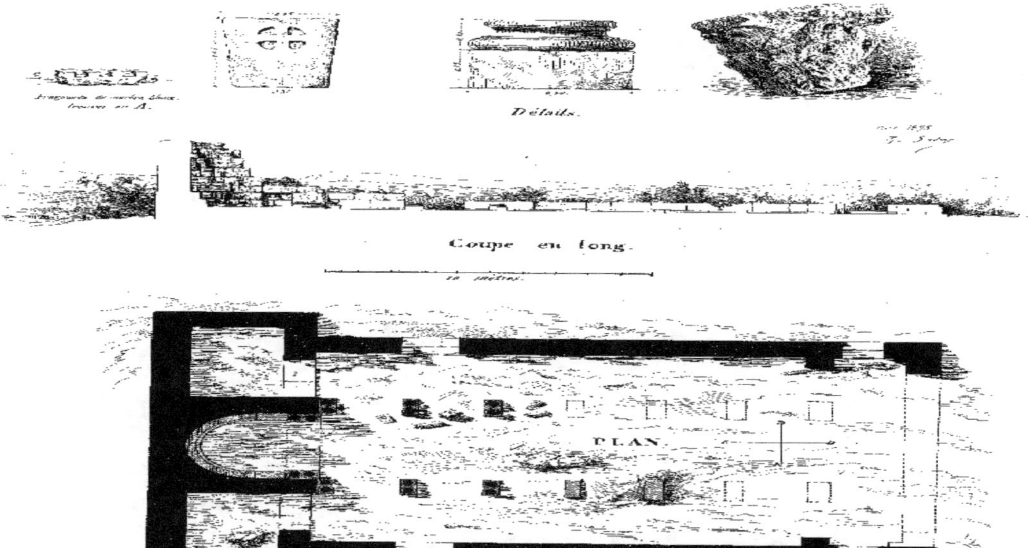
Fragments de marbre blanc
trouvés en A.
Détails.
Coupe en long.
10 mètres.
PLAN.
SBIBA . BASILIQVE .
Echelle, 0,01 cent.

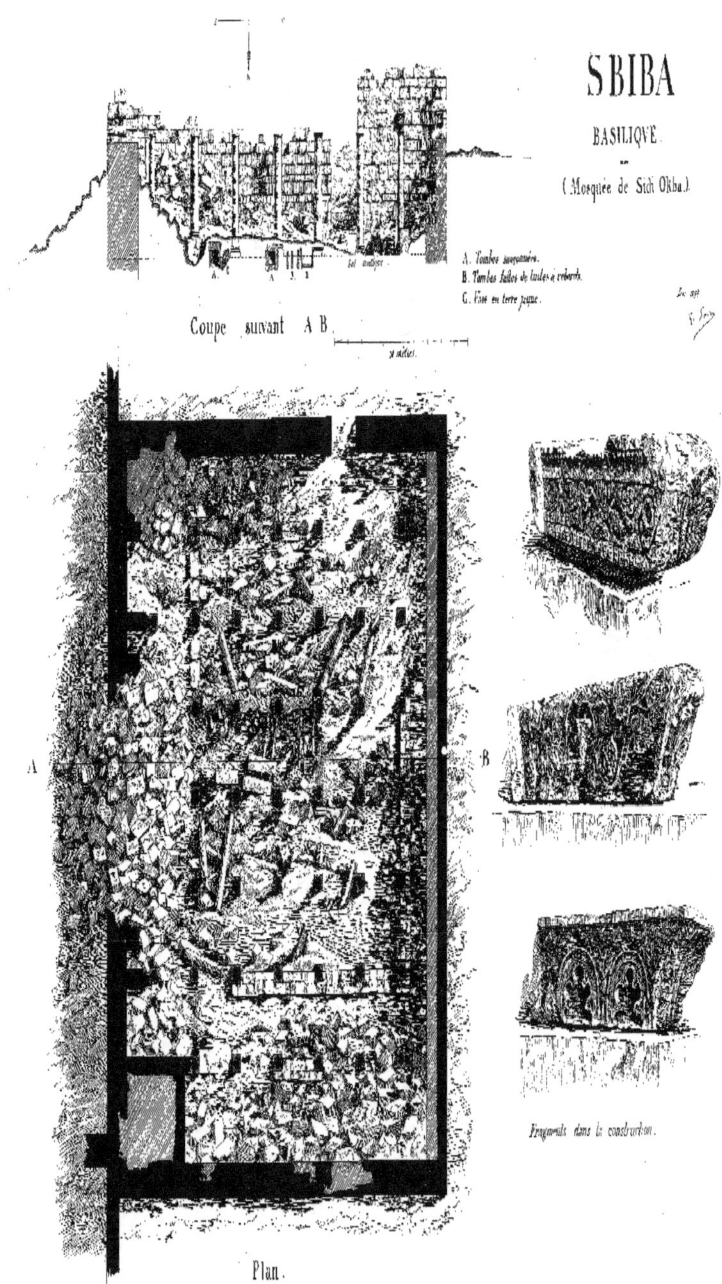

SBIBA
BASILIQUE
( Mosquée de Sidi Okba.)
Coupe suivant A B
A. Tombes maçonnées.
B. Tombes faites de tuiles à rebords.
C. Fosse en terre jaune.
A
B
Plan.
Fragments dans la construction.

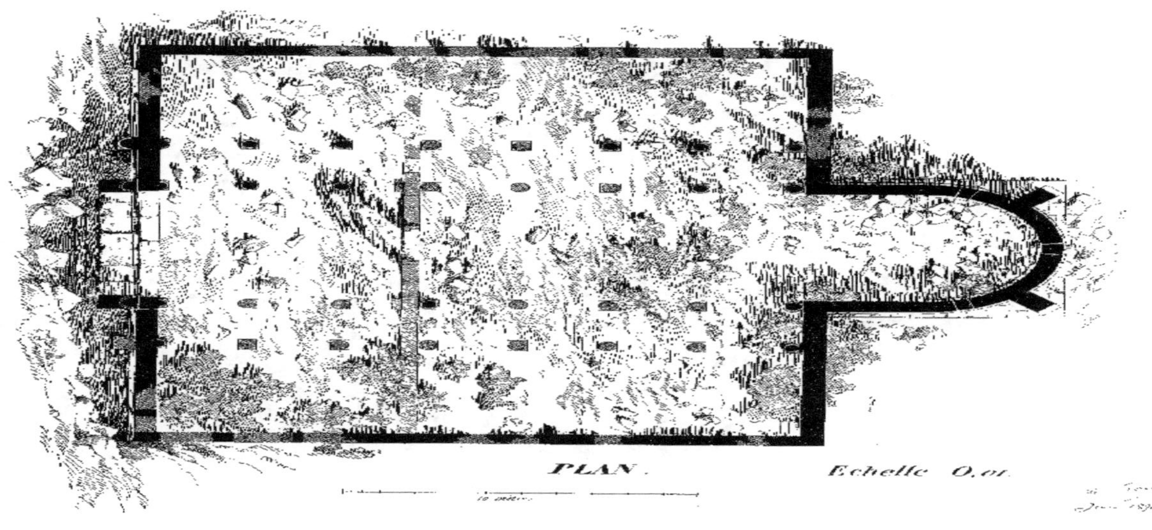



# SEGERMES. (Enchir Harrat)
## BASILIQUE.

# Enchir KRIMA.
## TEMPLE ou BASILIQUE.

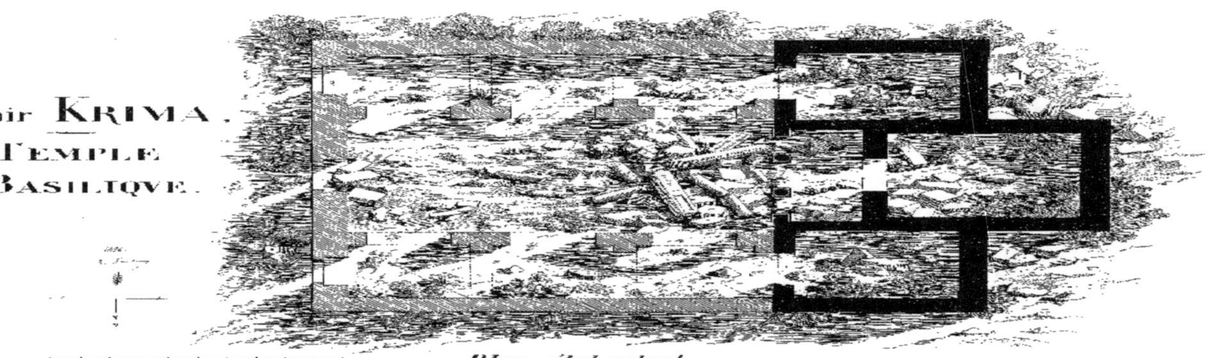

Plan, état actuel.

Coupe dans l'axe.

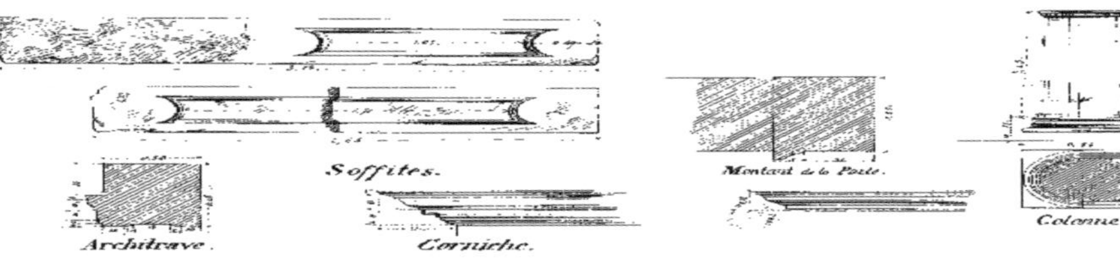

Soffites.

Architrave.

Corniche.

Montant de la Porte.

Colonne.

Chapiteau des Antes.

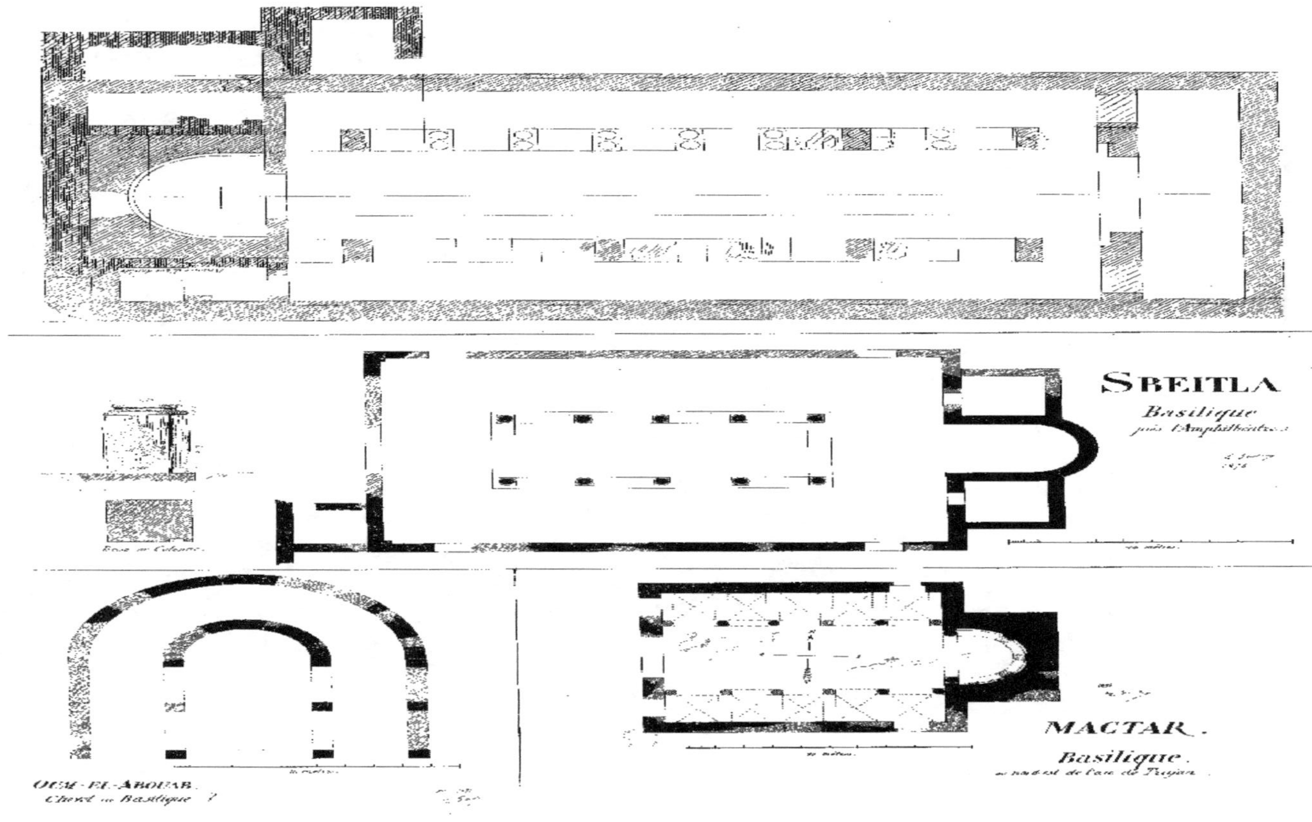
PL. XI
SBEITLA
Basilique
près l'Amphithéâtre
MACTAR.
Basilique
au nord-est de l'arc de Trajan
OUM-EL-ABOUAB.
Chevet de Basilique ?

# HAIDRA, BASILIQUE Byzantine.

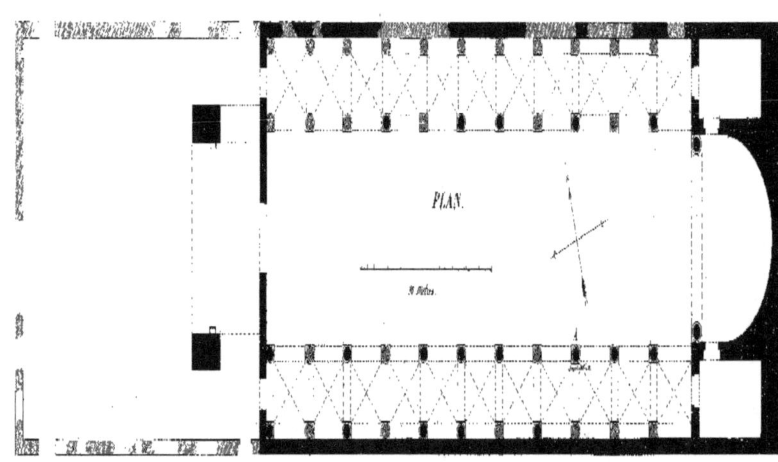


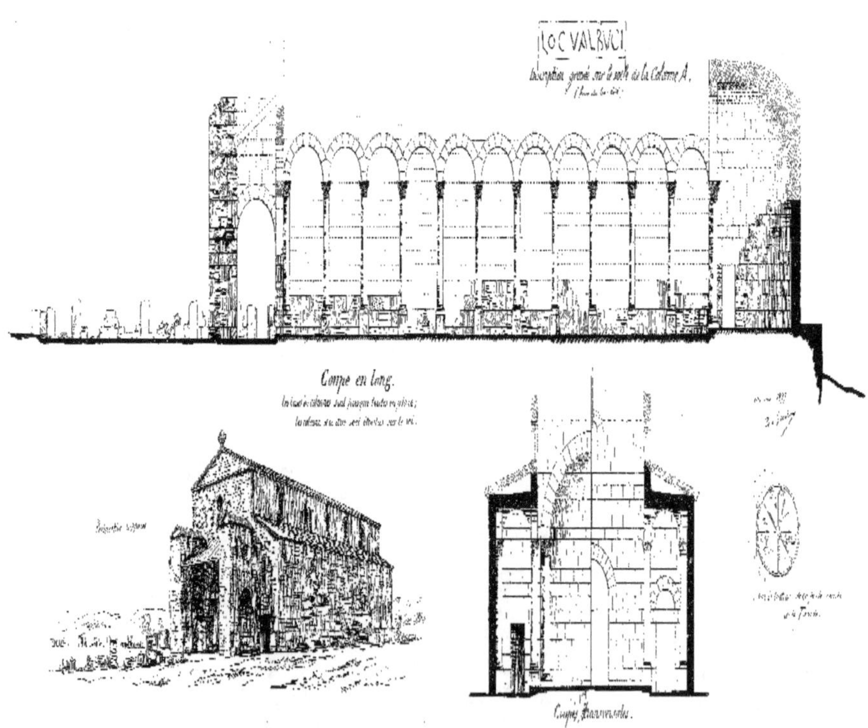

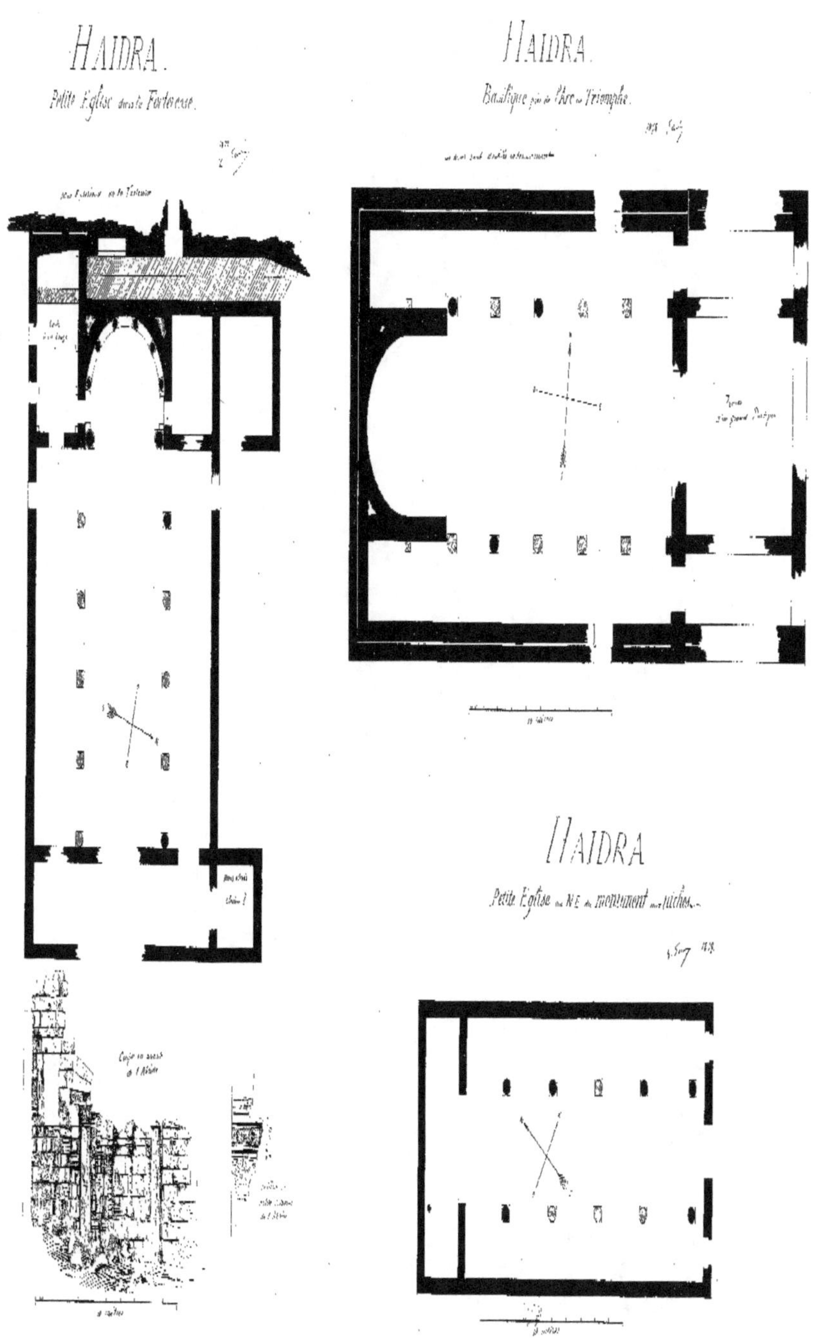


HAIDRA.
Petite Église dans la Forteresse.
Plan Estérieur de la Toiture
HAIDRA.
Basilique près de l'Arc de Triomphe.
HAIDRA
Petite Église au N.E. du monument aux niches.

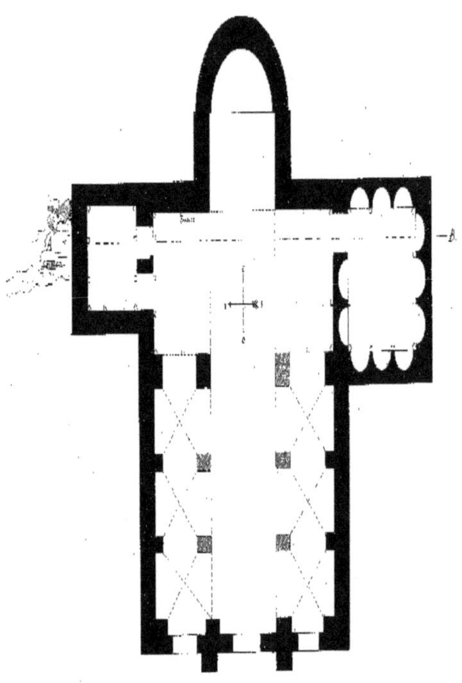

ENCHIR RIRIA
Basilique.

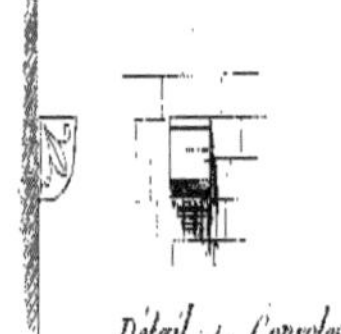

Détail des Consoles.

Echelle, 0,01.

Coupe suivant AB.

Coupe dans l'axe.

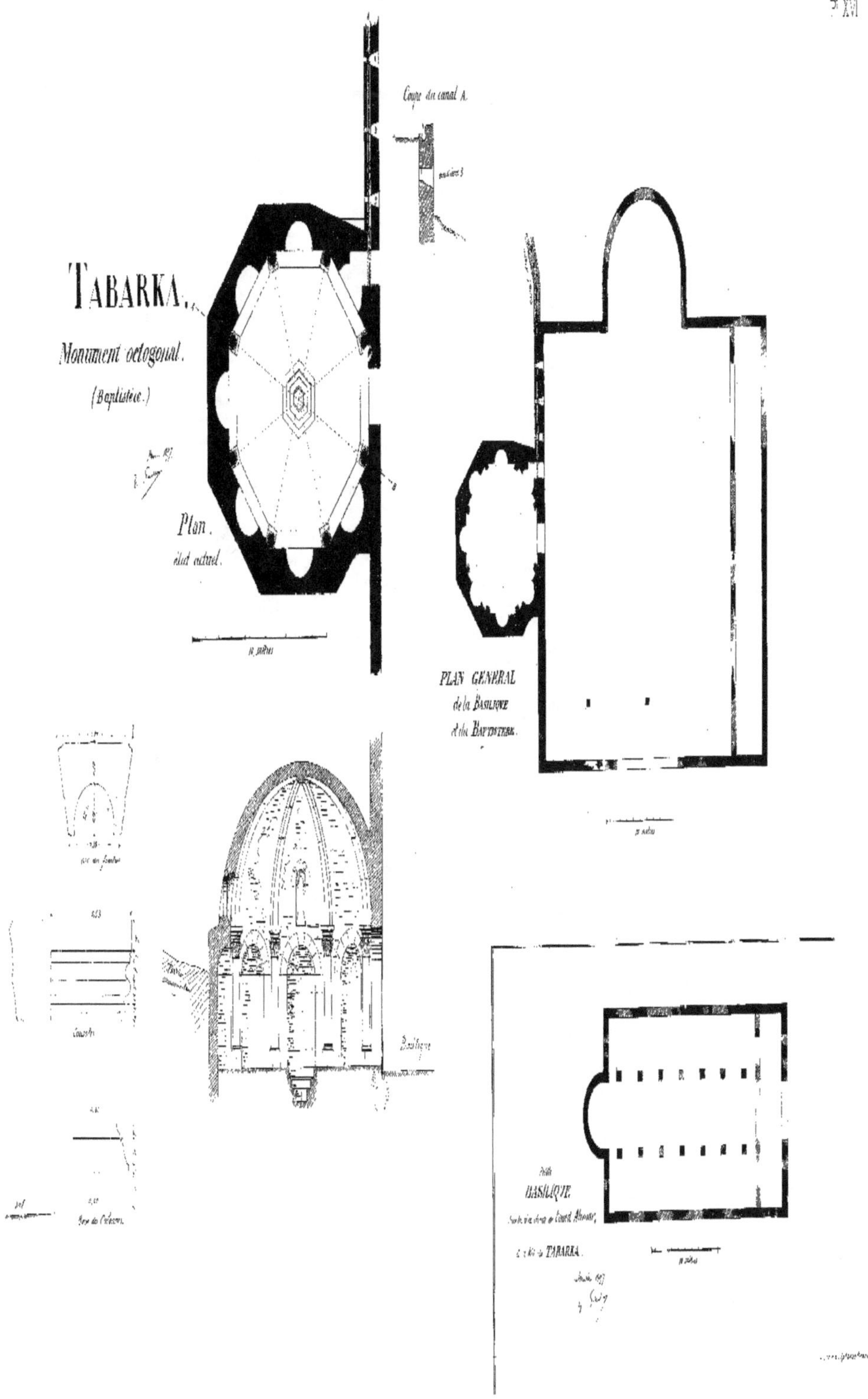

Coupe du canal A.
TABARKA.
Monument octogonal.
(Baptistère.)
Plan.
état actuel.
PLAN GÉNÉRAL
de la Basilique
et du Baptistère.
Basilique.
Petite
BASILIQUE
TABARKA.
Pl. XVI.

Mosaïques trouvées au-dessus du niveau du sol de la basilique du bordj
et remaniements postérieurs



. Plan levé par le capitaine Benet .

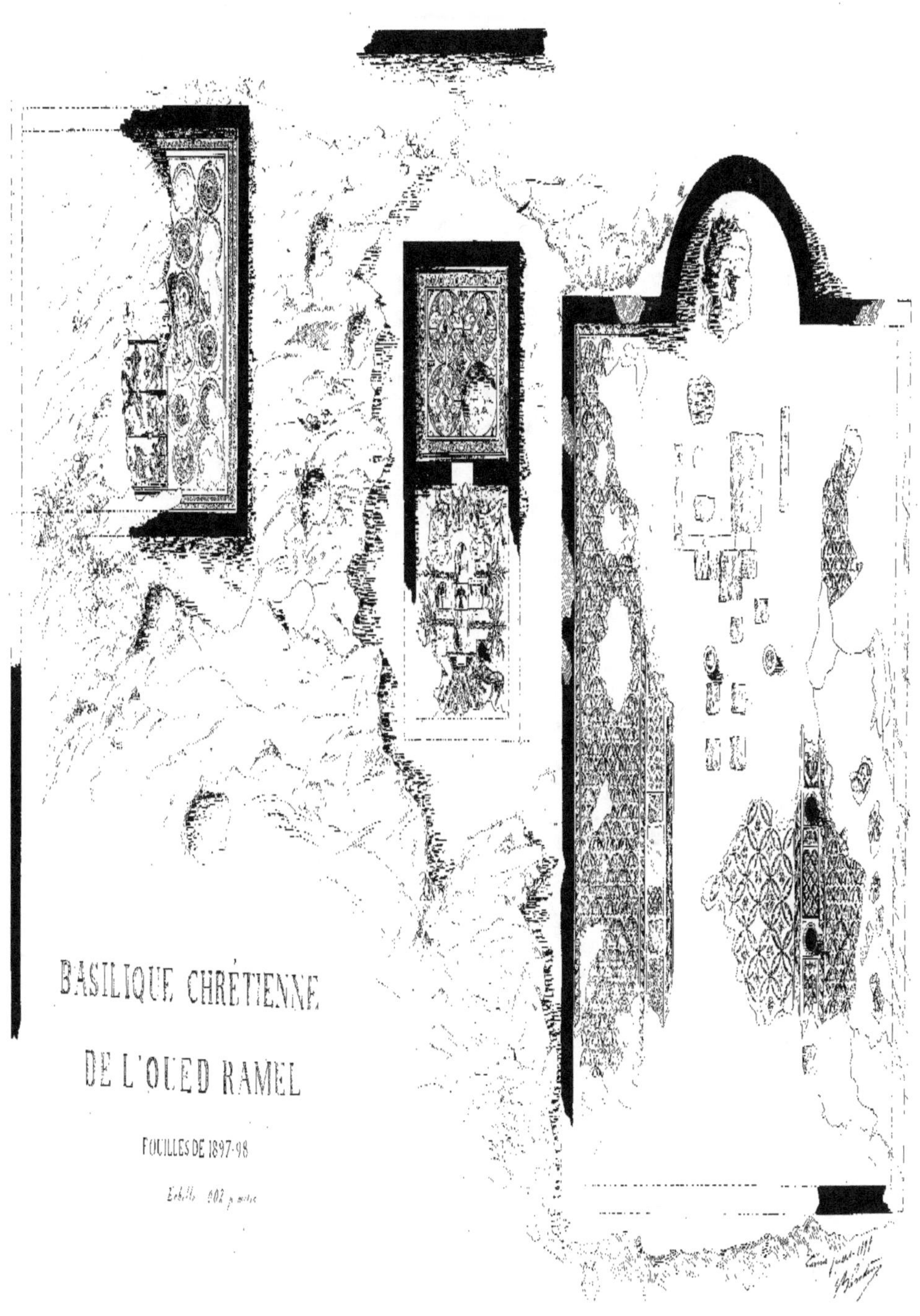
BASILIQUE CHRÉTIENNE
DE L'OUED RAMEL
FOUILLES DE 1897-98
Échelle 0,02 p. mètre

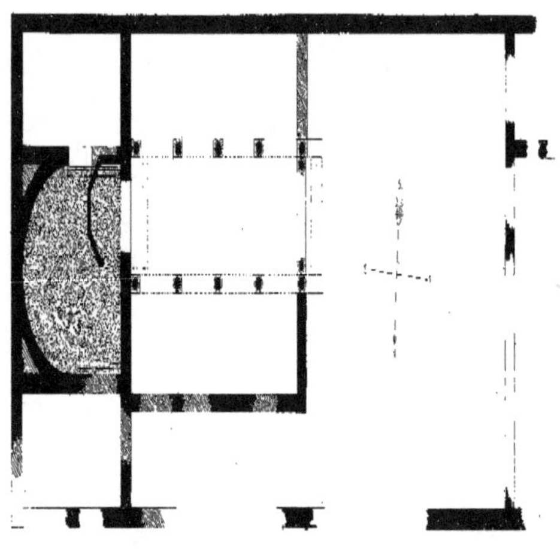

PLAN de l'état actuel.

Détails.

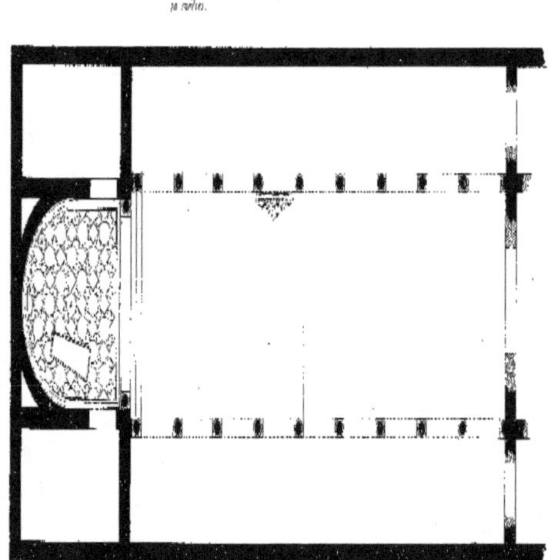

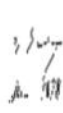

Inscription de la Mosaïque de l'Abside.

THALA

BASILIQVE.

PLAN et COUPE de la Basilique primitive.

Les indications manquent pour le Portique.

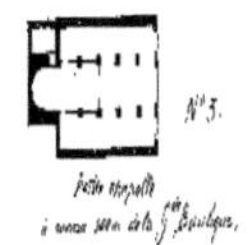


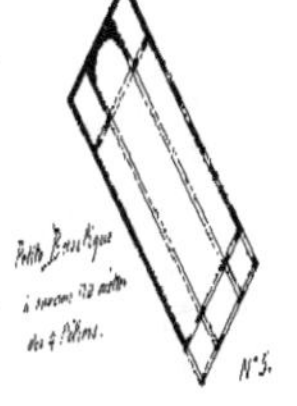


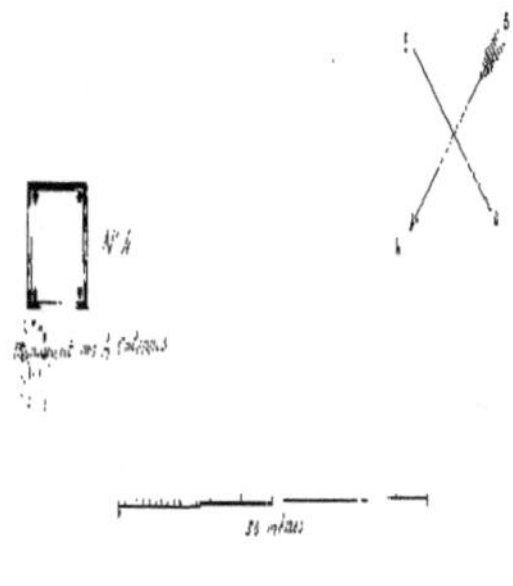




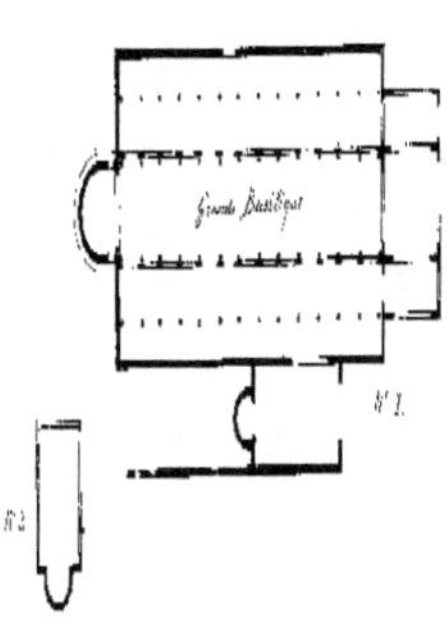


# FERIANA

Ensemble des Constructions religieuses
à l'Est de la Citadelle.

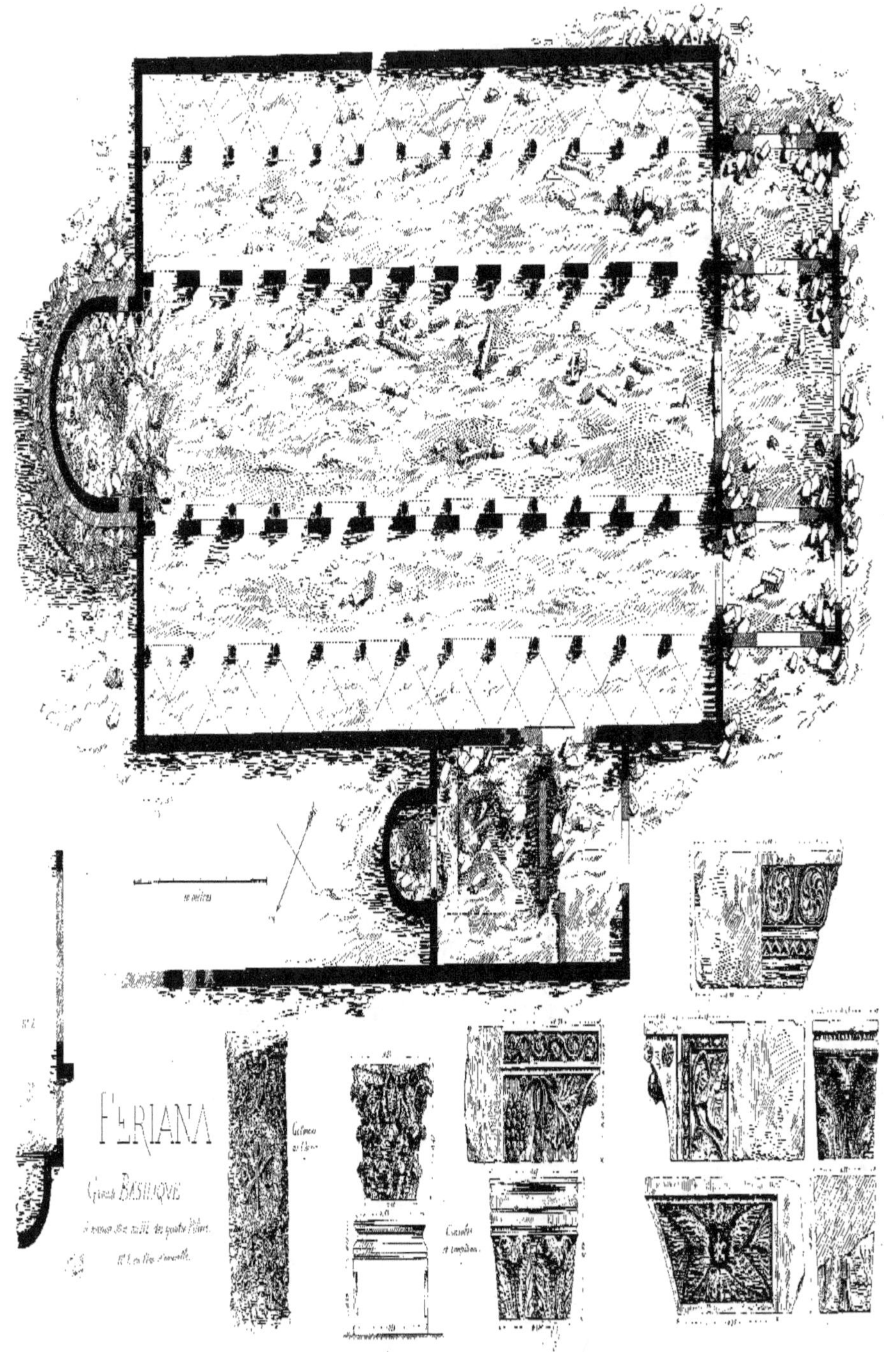
FERIANA
Grande BASILIQUE

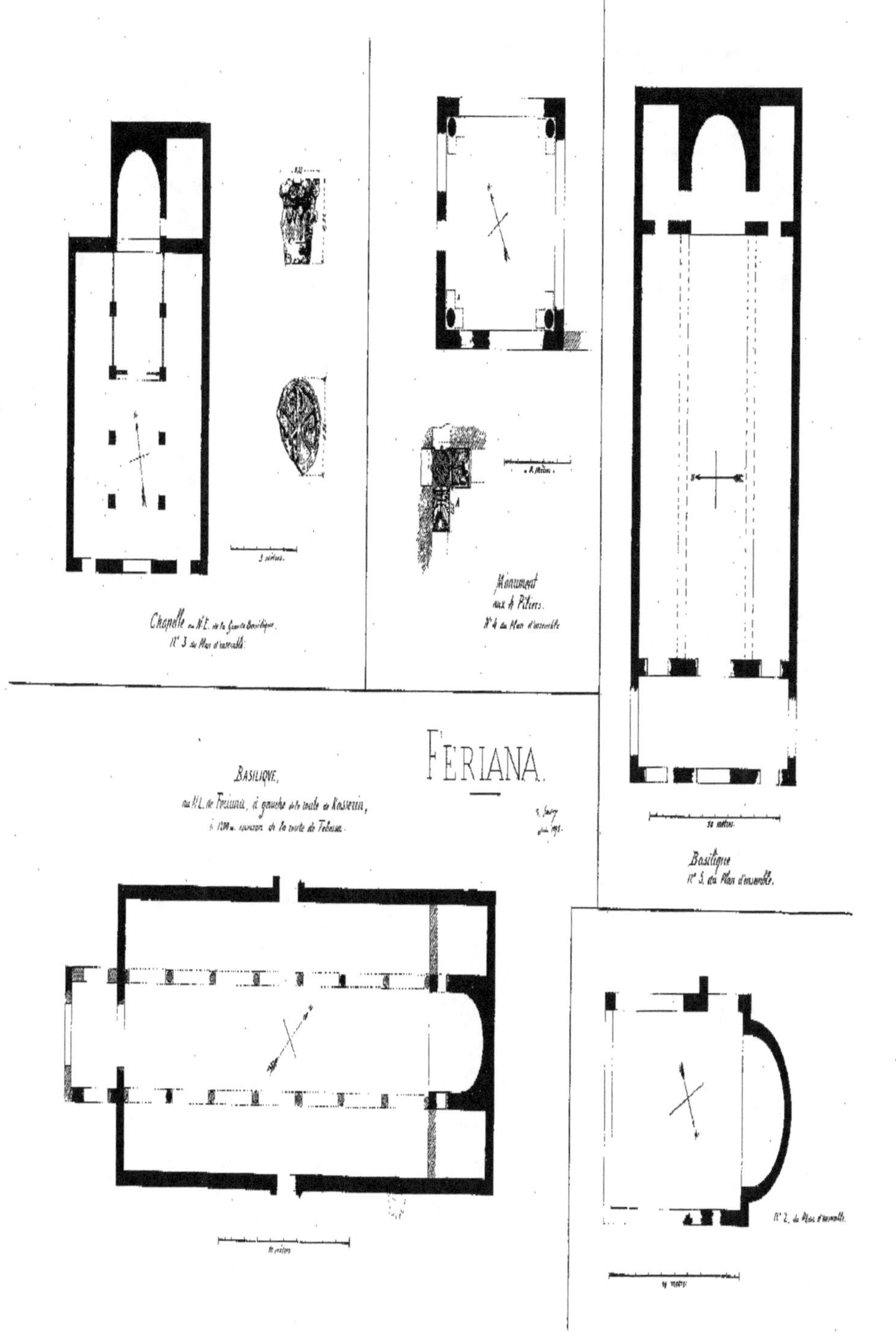
FERIANA
Chapelle au N.E. de la Grande Basilique.
N° 3 du Plan d'ensemble.
Monument aux 4 Piliers.
N° 4 du Plan d'ensemble.
Basilique
N° 5 du Plan d'ensemble.
BASILIQUE,
au N.L. de Feriana, à gauche de la route de Kasserin,
à 1200 m. environ de la route de Tebessa.
N° 2 du Plan d'ensemble.

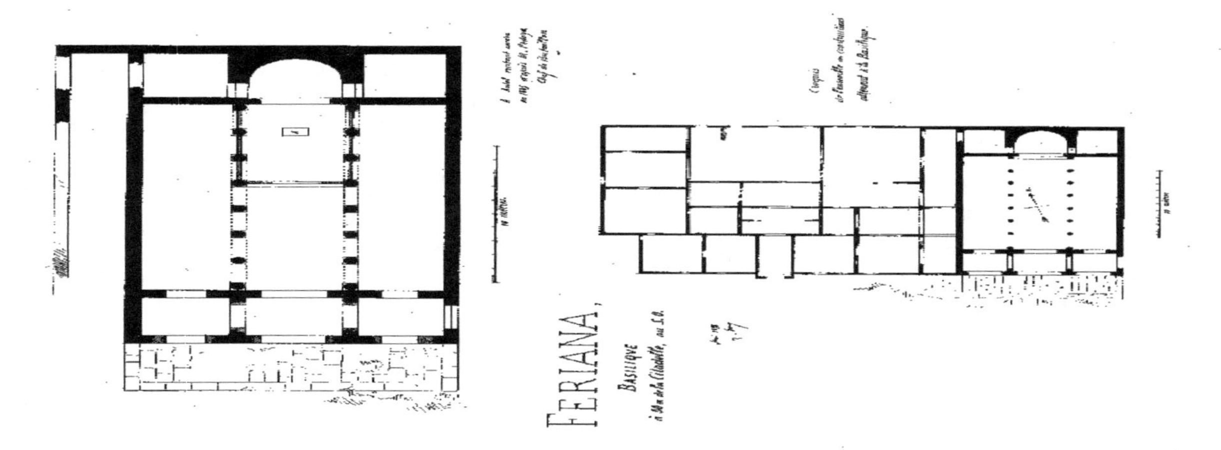
FERIANA,
BASILIQUE
à 50m de la Citadelle, au S.O.

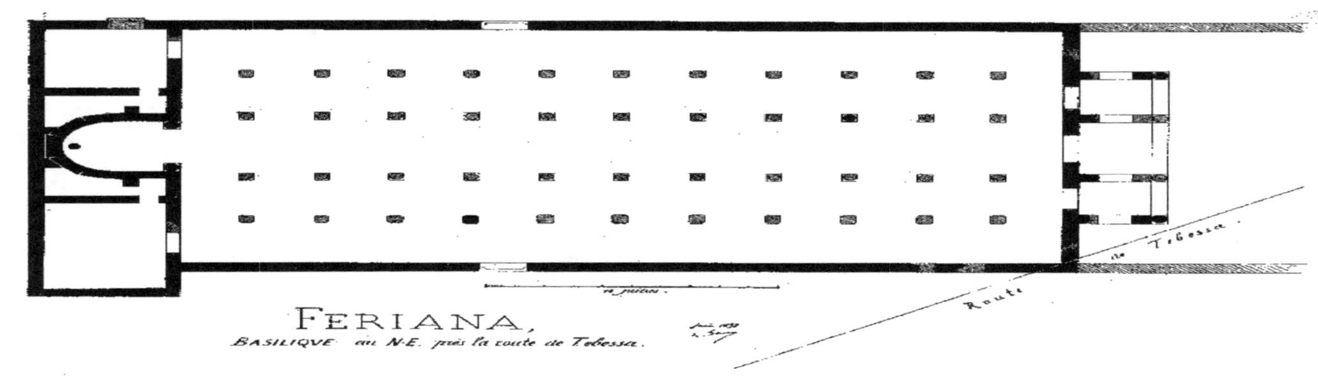
FERIANA,
BASILIQUE au N.E. près la route de Tébessa.
Route
Tébessa.

# FERIANA, BASILIQVE au S.E de la Forteresse,

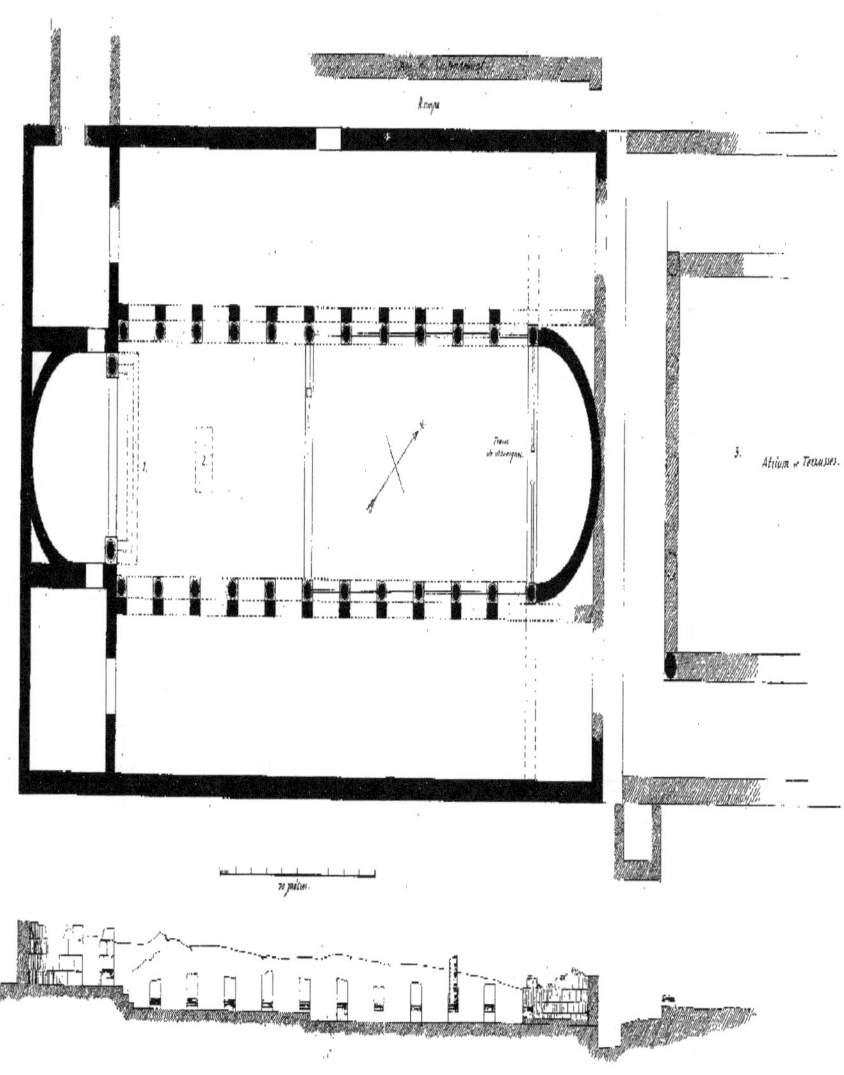

# FERIANA.

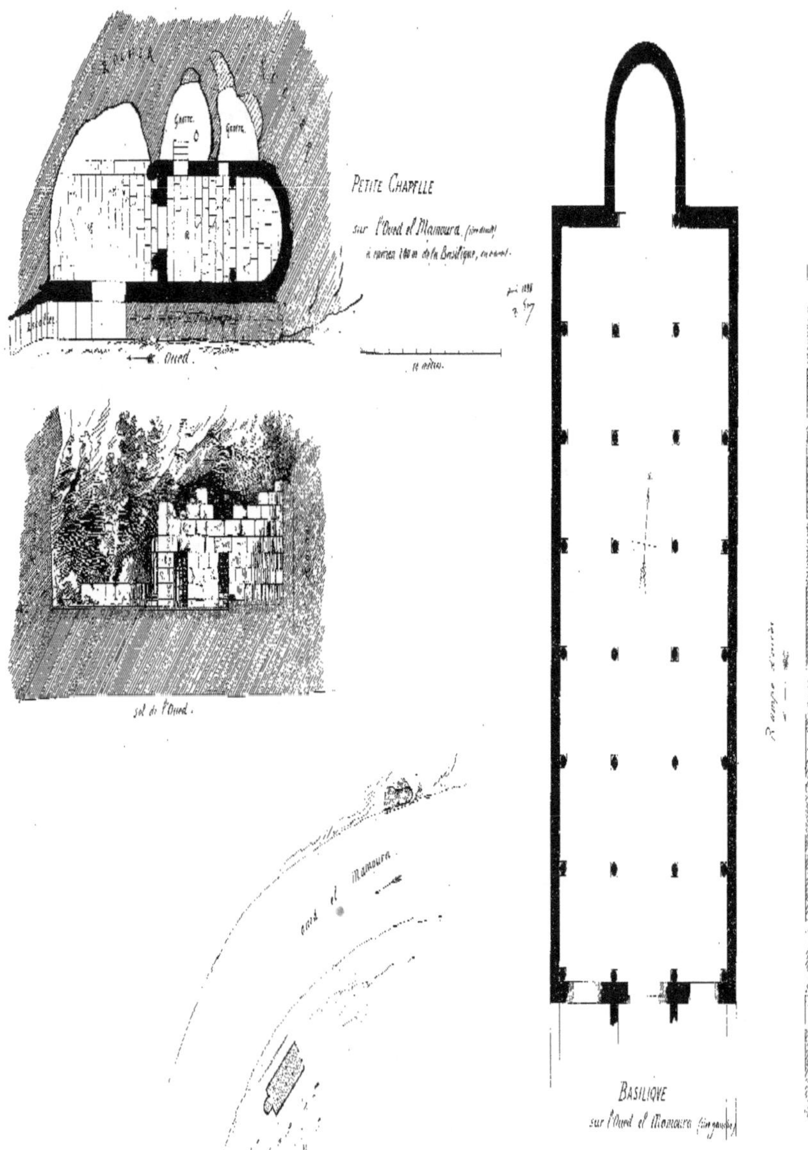

FERIANA
GROTTE.
GROTTE.
Oued.
PETITE CHAPELLE
sur l'Oued el Mamoura, (côté amont)
à environ 200 m de la Basilique, en amont.
10 mètres.
sol de l'Oued.
oued el Mamoura
BASILIQUE
sur l'Oued el Mamoura (rive gauche)

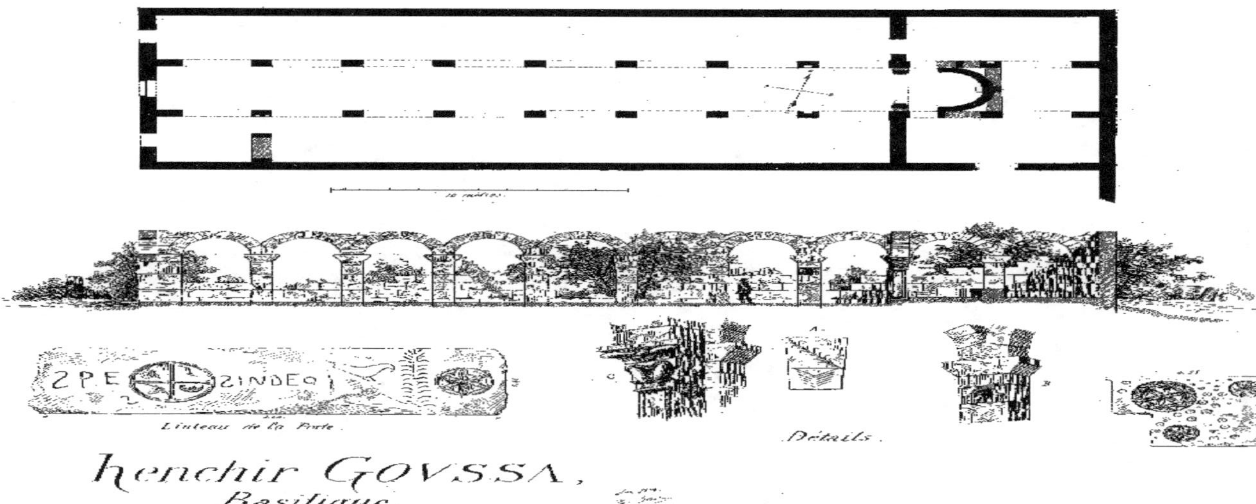
Linteau de la Porte.
Détails.
Henchir GOVSSA,
Basilique.

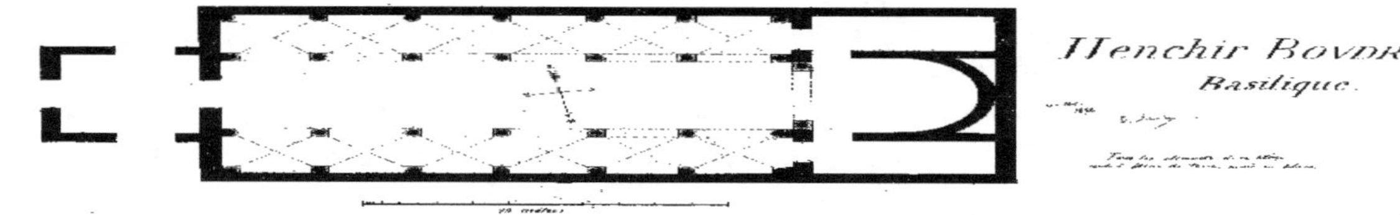
Henchir BOVDRIÈS.
Basilique.

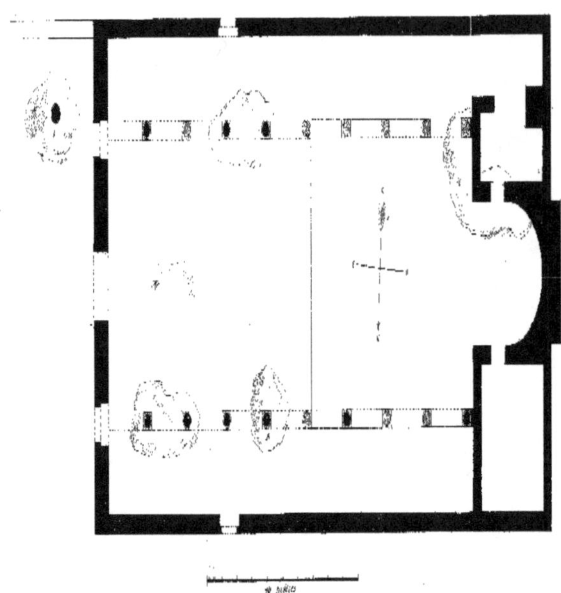

KASSERINE,
*Basilique.*

10 pieds

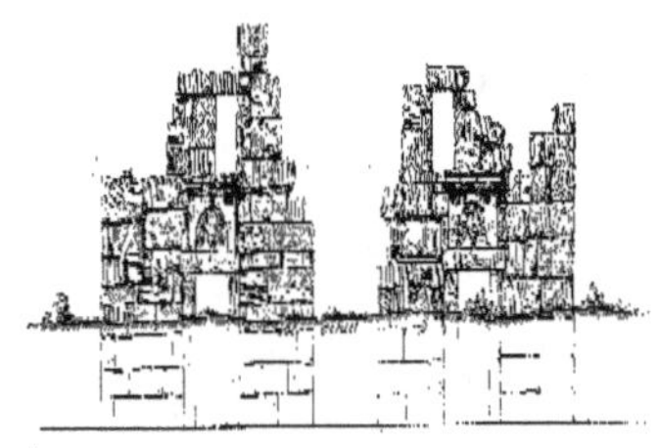

Etat actuel de la Façade.

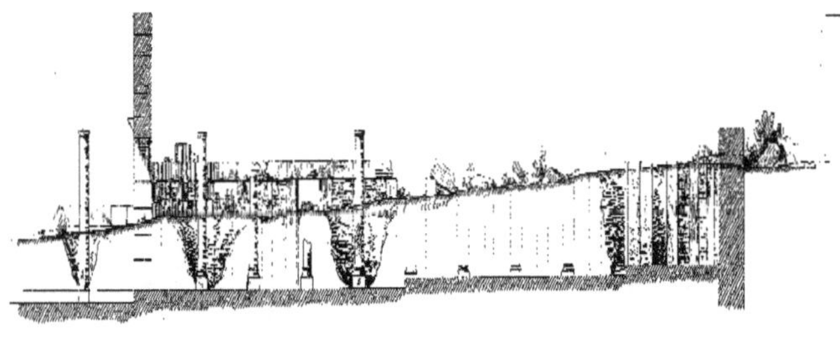

Détail d'une des Portes.

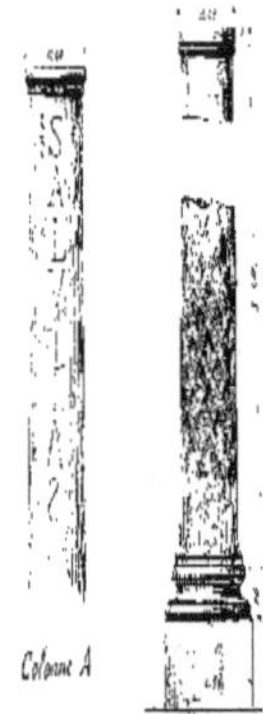

Colonne A

Colonne B

Face intérieure du linteau de la porte
de gauche.

sur la Façade D.

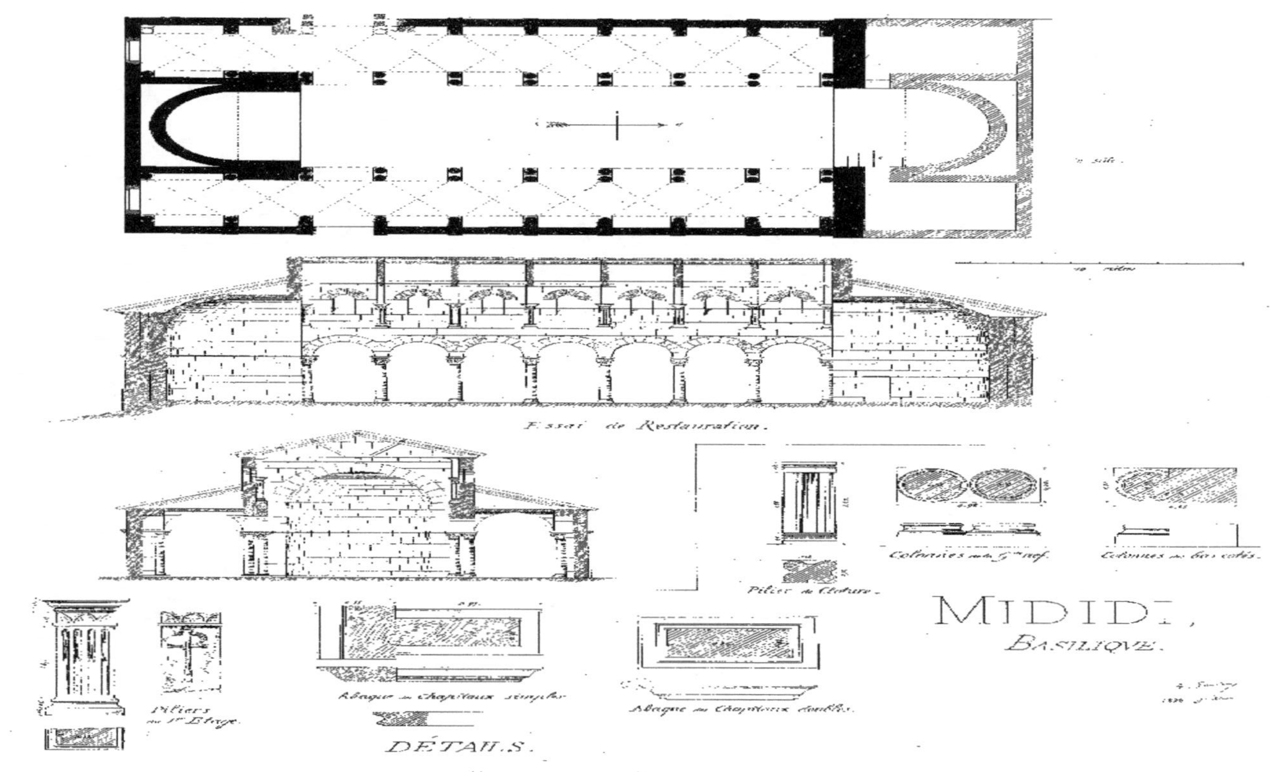
Essai de Restauration.
MIDIDI,
BASILIQUE.
Colonnes de la G.de nef.
Colonnes des bas côtés.
Pilier de Clôture.
Abaque des Chapiteaux simples.
Abaque des Chapiteaux doubles.
Piliers du 1.er Étage.
DÉTAILS.

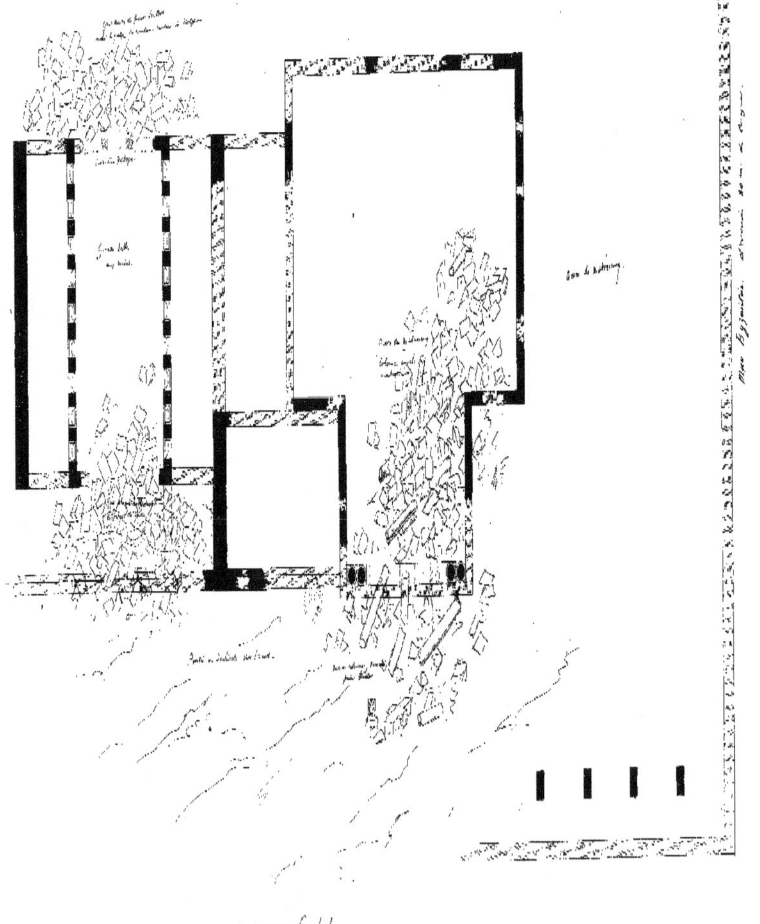

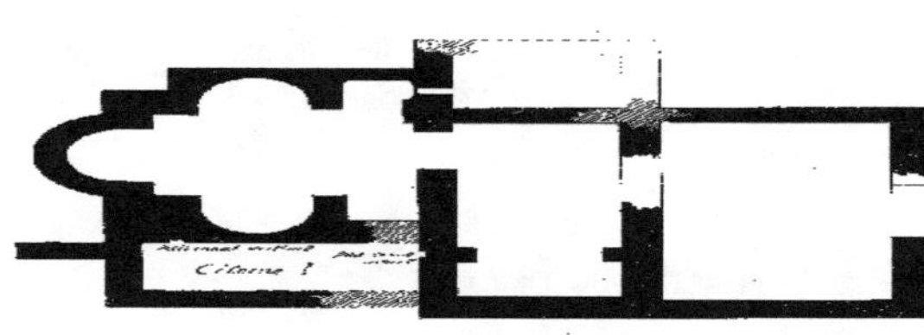


BIR BOV REKBA
Petit Triforium, au S.O. de la Forteresse.
BAPTISTÈRE ?
Citerne ?
PETITE CHAPELLE ?
dans l'intérieur de la Citadelle.

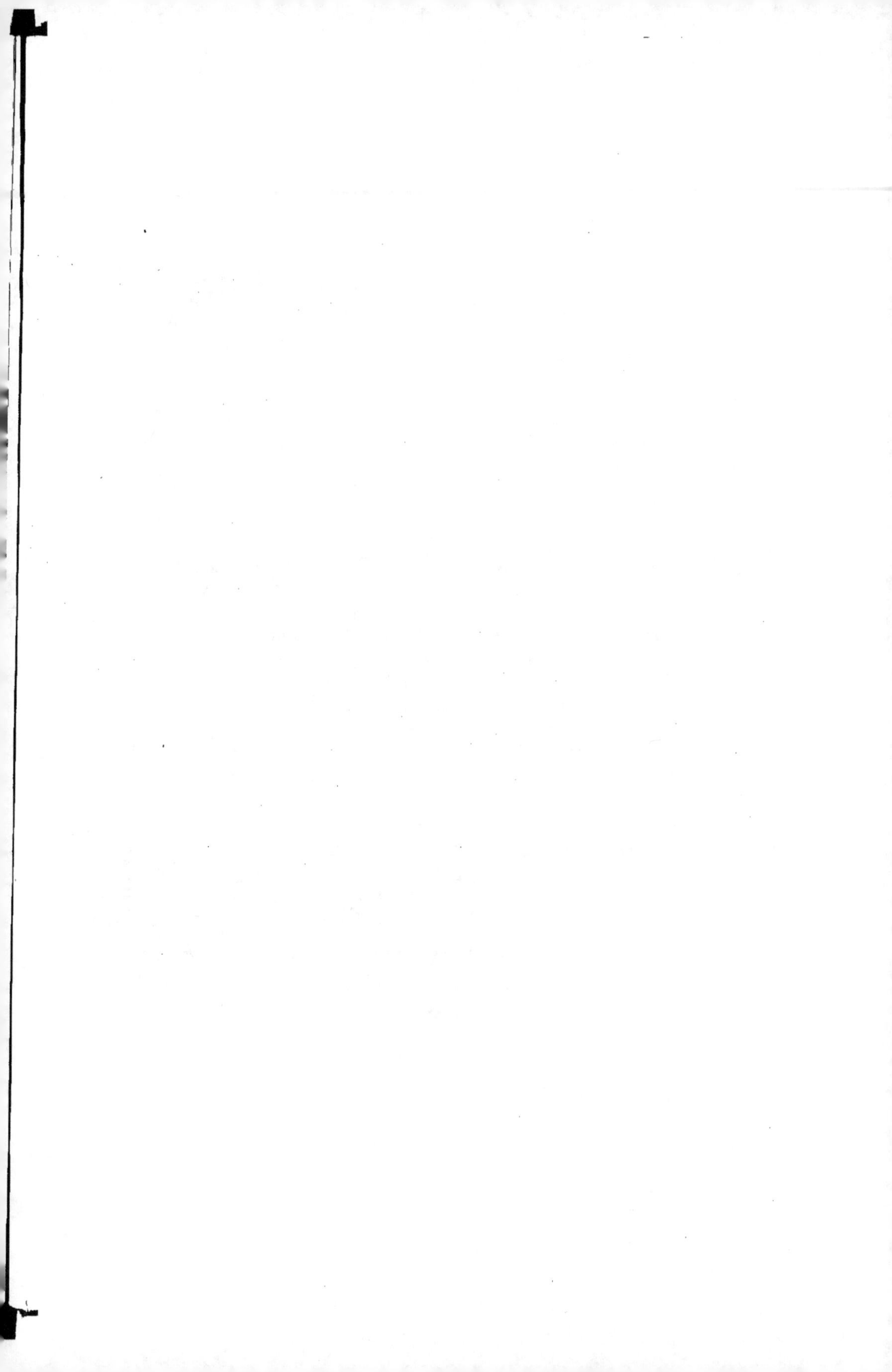

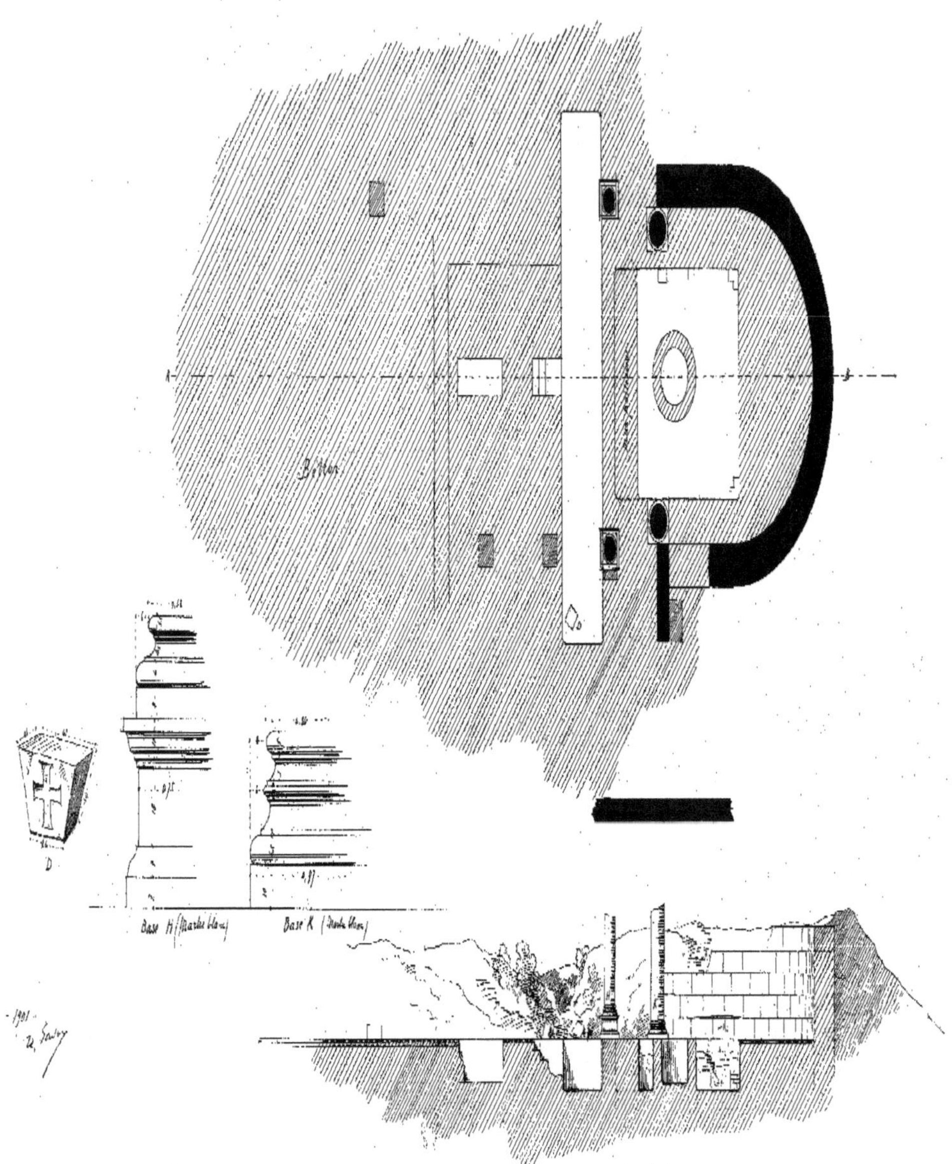


MÉNINX (El Kantara. Ile de Djerba.)

EGLISE

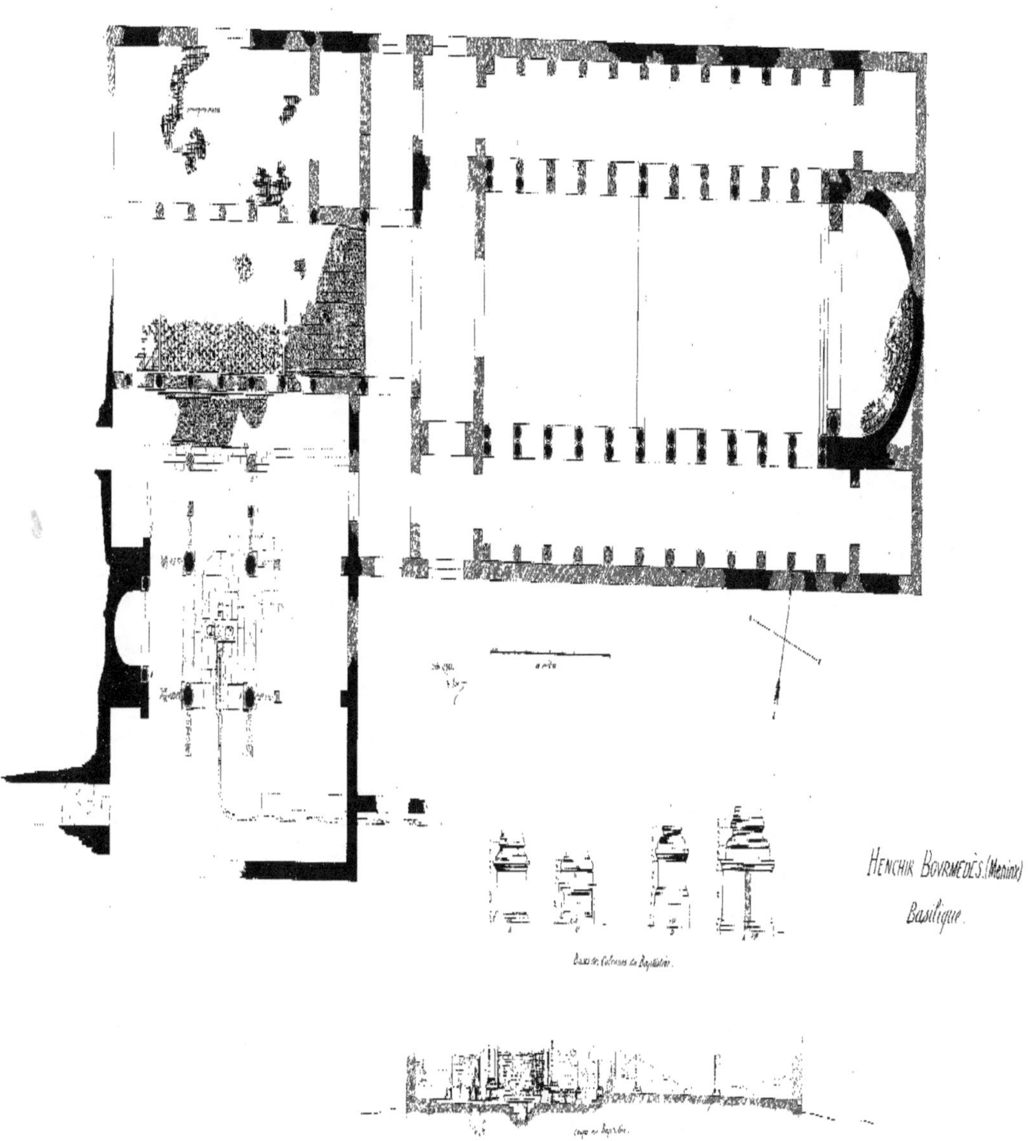
HENCHIR BOVRMEDÈS (Meninx)
Basilique.
Bases des Colonnes du Baptistère.
Coupe du Baptistère.

www.ingramcontent.com/pod-product-compliance
Lightning Source LLC
LaVergne TN
LVHW021841170726
843503LV00003B/1028